Roland Breitenbach (Hrsg.)

Das Wort, das heilt

Roland Breitenbach (Hrsg.)

Das Wort, das heilt

Für Zeiten der Krankheit

Verlag Katholisches Bibelwerk

Bibliografische Information Der Deutschen Bibliothek

Die Deutsche Bibliothek verzeichnet diese Publikation in der Deutschen Nationalbibliografie; detaillierte bibliografische Daten sind im Internet über http://dnb.ddb.de abrufbar

www.bibelwerk.de
verlag@bibelwerk.de

Layout, Satz, Litho und Umschlaggestaltung:
Reimund Maier Verlag, Satz- & Grafikstudio, Schweinfurt

Bilder:
Sr. Regina Hassler, asc, Kloster St. Elisabeth, Schaan (FL)

Druck und Verarbeitung:
Memminger MedienCentrum, Memmingen

ISBN 3-460-32057-5

Inhalt

Vorwort

Sie haben ein ganz gewöhnliches Buch in der Hand. Das Evangelium nach Lukas. Dieses Buch ist ein Teil der Bibel, aus der viele Menschen Orientierung für die Fragen des Lebens, Hoffnung, Zuversicht und Trost in kritischen Situationen, Ermutigung und Vertrauen in die Zukunft gefunden haben. Zum Text des dritten Evangeliums haben wir einen Gebetsteil für Zeiten der Krankheit und des Abschiednehmens angefügt.

Sie haben ein ungewöhnliches Buch in der Hand. Es ist nicht nur in der Handhabung einfach, es ist vor allem noch unter schwierigen Bedingungen gut lesbar. Deswegen haben wir die praktische Ringbindung gewählt. Das Buch bleibt dort aufgeschlagen, wo Sie es wollen, und es lässt sich notfalls auch mit einer Hand bedienen. Deswegen auch die markante Schrift und der Verzicht auf die störende Kapitel- und Verseinteilung des Evangelientextes. Die Überschriften und ein kleines Stichwortverzeichnis helfen, bestimmte Stellen wiederzufinden.

Sie haben ein außergewöhnliches Buch in der Hand. Wir haben ihm den Titel „Das Wort, das heilt – für Zeiten der Krankheit" gegeben. Die Frohe Botschaft Jesu soll Sie in kranken und kritischen Zeiten begleiten. Der Text stammt vom Evangelisten Lukas, von dem die Tradition sagt, er sei Arzt gewesen. Jedenfalls zeigt der Verfasser ein besonderes Interesse an der Hilfe, die kranke und behinderte Menschen durch die Worte und Taten Jesu erfahren. Auf seine Hilfe dürfen wir vertrauen, wie der Hauptmann von Kafarnaum, der für seinen erkrankten Knecht betet: „Sprich nur ein Wort, dann muss mein Diener gesund werden" (Lk 7, 7). Gerade dann, wenn unser Leben vor einer großen Herausforderung steht, freuen wir uns über ein solches gutes Wort, das uns aufrichtet, ermuntert, das uns Hoffnung und Genesung schenkt.

Die meditativen Bilder von Regina Hassler unterstreichen die Erfahrung, die wir durch das Wort Gottes machen: Was immer uns auch widerfährt, Gutes oder Schweres, Krankheit oder Gesundheit, wir sind in Gottes Hand. Die angefügten Texte, Klagen, Gebete, moderne Psalmen, Abschiedsworte und Elemente zur Krankensalbung verdeutlichen den hilfreichen Umfang jener Worte, die uns die Zuwendung Gottes und damit Heilung und Heil versprechen. Genau das ist es auch, was wir von Herzen erbitten.

Die Idee zu dieser Ausgabe entstand im Seelsorgsteam des Krankenhauses St. Josef in Schweinfurt; für die Zuarbeit danke ich Pfarrer Norbert Clausen.

Roland Breitenbach

Das Evangelium nach Lukas

Die Überlieferung | 1, 1–4

Schon viele haben es unternommen, einen Bericht über all das abzufassen, was sich unter uns ereignet und erfüllt hat. Dabei hielten sie sich an die Überlieferung derer, die von Anfang an Augenzeugen und Diener des Wortes waren. Nun habe auch ich mich entschlossen, allem von Grund auf sorgfältig nachzugehen, um es für dich, hoch verehrter Theophilus, der Reihe nach aufzuschreiben. So kannst du dich von der Zuverlässigkeit der Lehre überzeugen, in der du unterwiesen wurdest.

Der Vorläufer des Herrn | 1, 5–25

Zur Zeit des Herodes, des Königs von Judäa, lebte ein Priester namens Zacharias, der zur Priesterklasse Abija gehörte. Seine Frau stammte aus dem Geschlecht Aarons; sie hieß Elisabet. Beide lebten so, wie es in den Augen Gottes recht ist, und hielten sich in allem streng an die Gebote und Vorschriften des Herrn. Sie hatten keine Kinder, denn Elisabet war unfruchtbar, und beide waren schon in vorgerücktem Alter. Eines Tages, als seine Priesterklasse wieder an der Reihe war und er beim Gottesdienst mitzuwirken hatte, wurde, wie nach der Priesterordnung üblich, das Los geworfen, und Zacharias fiel die Aufgabe zu, im Tempel des Herrn das Rauchopfer darzubringen. Während er nun zur festgelegten Zeit das Opfer darbrachte, stand das ganze Volk draußen und betete. Da erschien dem Zacharias ein Engel des Herrn; er stand auf der rechten Seite des Rauchopferaltars. Als Zacharias ihn sah, erschrak er, und es befiel ihn Furcht. Der Engel aber sagte zu ihm: Fürchte dich nicht, Zacharias! Dein Gebet ist erhört worden. Deine Frau Elisabet wird dir einen Sohn gebären; dem sollst du den Namen Johannes geben. Große Freude wird dich erfüllen, und auch viele andere werden sich über seine Geburt freuen. Denn er wird groß sein vor dem Herrn. Wein und andere berauschende Getränke wird er nicht trinken, und schon im Mutterleib wird er vom Heiligen Geist erfüllt sein. Viele Israeliten wird er zum Herrn, ihrem Gott, bekehren. Er wird mit dem Geist und mit der Kraft des Elija dem Herrn voran gehen, um das Herz der Väter wieder den Kindern zuzuwenden und die Ungehorsamen zur Gerechtigkeit zu führen und so das Volk für den Herrn bereit zu machen. Zacharias sagte zu dem Engel: Woran soll ich erkennen, dass das wahr ist? Ich bin ein alter Mann, und auch meine Frau ist in vorgerücktem Alter. Der Engel erwiderte ihm: Ich bin Gabriel, der vor Gott steht, und ich bin gesandt worden, um mit dir zu reden und dir diese frohe Botschaft zu bringen. Aber weil du meinen Worten nicht geglaubt hast, die in Erfüllung gehen, wenn die Zeit dafür da ist, sollst du stumm sein und nicht mehr reden können, bis zu dem Tag, an dem all das eintrifft.

Inzwischen wartete das Volk auf Zacharias und wunderte sich, dass er so lange im Tempel blieb. Als er dann herauskam, konnte er nicht mit ihnen sprechen. Da merkten sie, dass er im Tempel eine Erscheinung gehabt hatte. Er gab ihnen nur Zeichen mit der Hand und blieb stumm.

Als die Tage seines Dienstes (im Tempel) zu Ende waren, kehrte er nach Hause zurück. Bald darauf empfing seine Frau Elisabet einen Sohn und lebte fünf Monate lang zurückgezogen. Sie sagte: Der Herr hat mir geholfen; er hat in diesen Tagen gnädig auf mich geschaut und mich von der Schande befreit, mit der ich in den Augen der Menschen beladen war.

Der Erlöser wird verheißen | 1,26–38

Im sechsten Monat wurde der Engel Gabriel von Gott in eine Stadt in Galiläa namens Nazaret zu einer Jungfrau gesandt. Sie war mit einem Mann namens Josef verlobt, der aus dem Haus David stammte. Der Name der Jungfrau war Maria. Der Engel trat bei ihr ein und sagte: Sei gegrüßt, du Begnadete, der Herr ist mit dir. Sie erschrak über die Anrede und überlegte, was dieser Gruß zu bedeuten habe. Da sagte der Engel zu ihr: Fürchte dich nicht, Maria; denn du hast bei Gott Gnade gefunden. Du wirst ein Kind empfangen, einen Sohn wirst du gebären: dem sollst du den Namen Jesus geben. Er wird groß sein und Sohn des Höchsten genannt werden. Gott, der Herr, wird ihm den Thron seines Vaters David geben.
Er wird über das Haus Jakob in Ewigkeit herrschen, und seine Herrschaft wird kein Ende haben. Maria sagte zu dem Engel: Wie soll das geschehen, da ich keinen Mann erkenne? Der Engel antwortete ihr: Der Heilige Geist wird über dich kommen, und die Kraft des Höchsten wird dich überschatten. Deshalb wird auch das Kind heilig und Sohn Gottes genannt werden. Auch Elisabet, deine Verwandte, hat noch in ihrem Alter einen Sohn empfangen. Obwohl sie als unfruchtbar galt, ist sie jetzt schon im sechsten Monat. Denn für Gott ist nichts unmöglich. Da sagte Maria: Ich bin die Magd des Herrn; mir geschehe, wie du es gesagt hast. Danach verließ sie der Engel.

Maria besucht Elisabet | 1,39–56

Nach einigen Tagen machte sich Maria auf den Weg und eilte in eine Stadt im Bergland von Judäa. Sie ging in das Haus des Zacharias und begrüßte Elisabet.

Als Elisabet den Gruß Marias hörte, hüpfte das Kind in ihrem Leib. Da wurde Elisabet vom Heiligen Geist erfüllt und rief mit lauter Stimme: Gesegnet bist du mehr als alle anderen Frauen, und gesegnet ist die Frucht deines Leibes. Wer bin ich, dass die Mutter meines Herrn zu mir kommt? In dem Augenblick, als ich deinen Gruß hörte, hüpfte das Kind vor Freude in meinem Leib. Selig ist die, die geglaubt hat, dass sich erfüllt, was der Herr ihr sagen ließ. Da sagte Maria: Meine Seele preist die Größe des Herrn, und mein Geist jubelt über Gott, meinen Retter. Denn auf die Niedrigkeit seiner Magd hat er geschaut. Siehe, von nun an preisen mich selig alle Geschlechter. Denn der Mächtige hat Großes an mir getan, und sein Name ist heilig. Er erbarmt sich von Geschlecht zu Geschlecht über alle, die ihn fürchten. Er vollbringt mit seinem Arm machtvolle Taten: Er zerstreut, die im Herzen voll Hochmut sind; er stürzt die Mächtigen vom Thron und erhöht die Niedrigen. Die Hungernden beschenkt er mit seinen Gaben und lässt die Reichen leer ausgehen. Er nimmt sich seines Knechtes Israel an und denkt an sein Erbarmen, das er unsern Vätern verheißen hat, Abraham und seinen Nachkommen auf ewig.
Und Maria blieb etwa drei Monate bei ihr; dann kehrte sie nach Hause zurück.

Johannes wird geboren | 1, 57–80

Für Elisabet kam die Zeit der Niederkunft, und sie brachte einen Sohn zur Welt. Ihre Nachbarn und Verwandten hörten, welch großes Erbarmen der Herr ihr erwiesen hatte, und freuten sich mit ihr. Am achten Tag kamen sie zur Beschneidung des Kindes und wollten ihm den Namen seines Vaters Zacharias geben.

Seine Mutter aber widersprach ihnen und sagte: Nein, er soll Johannes heißen. Sie antworteten ihr: Es gibt doch niemand in deiner Verwandtschaft, der so heißt.
Da fragten sie seinen Vater durch Zeichen, welchen Namen das Kind haben solle.
Er verlangte ein Schreibtäfelchen und schrieb zum Erstaunen aller darauf: Sein Name ist Johannes. Im gleichen Augenblick konnte er Mund und Zunge wieder gebrauchen, und er redete und pries Gott. Und alle, die in jener Gegend wohnten, erschraken, und man sprach von all diesen Dingen im ganzen Bergland von Judäa. Alle, die davon hörten, machten sich Gedanken darüber und sagten: Was wird wohl aus diesem Kind werden? Denn es war deutlich, dass die Hand des Herrn mit ihm war. Sein Vater Zacharias wurde vom Heiligen Geist erfüllt und begann prophetisch zu reden:
Gepriesen sei der Herr, der Gott Israels! Denn er hat sein Volk besucht und ihm Erlösung geschaffen; er hat uns einen starken Retter erweckt im Hause seines Knechtes David. So hat er verheißen von alters her durch den Mund seiner heiligen Propheten. Er hat uns errettet vor unseren Feinden und aus der Hand aller, die uns hassen; er hat das Erbarmen mit den Vätern an uns vollendet und an seinen heiligen Bund gedacht, an den Eid, den er unserm Vater Abraham geschworen hat; er hat uns geschenkt, dass wir, aus Feindeshand befreit, ihm furchtlos dienen in Heiligkeit und Gerechtigkeit vor seinem Angesicht all unsre Tage. Und du, Kind, wirst Prophet des Höchsten heißen; denn du wirst dem Herrn vorangehen und ihm den Weg bereiten. Du wirst sein Volk mit der Erfahrung des Heils beschenken in der Vergebung der Sünden. Durch die barmherzige Liebe unseres Gottes wird uns besuchen das aufstrahlende Licht aus der Höhe, um allen zu leuchten, die in Finsternis sitzen und im Schatten des Todes, und unsre Schritte zu lenken auf den Weg des Friedens.

Das Kind wuchs heran, und sein Geist wurde stark. Und Johannes lebte in der Wüste bis zu dem Tag, an dem er den Auftrag erhielt, in Israel aufzutreten.

Jesus wird geboren | 2, 1–20

In jenen Tagen erließ Kaiser Augustus den Befehl, alle Bewohner des Reiches in Steuerlisten einzutragen. Dies geschah zum ersten Mal; damals war Quirinius Statthalter von Syrien. Da ging jeder in seine Stadt, um sich eintragen zu lassen.
So zog auch Josef von der Stadt Nazaret in Galiläa hinauf nach Judäa in die Stadt Davids, die Betlehem heißt; denn er war aus dem Haus und Geschlecht Davids. Er wollte sich eintragen lassen mit Maria, seiner Verlobten, die ein Kind erwartete.
Als sie dort waren, kam für Maria die Zeit ihrer Niederkunft, und sie gebar ihren Sohn, den Erstgeborenen. Sie wickelte ihn in Windeln und legte ihn in eine Krippe, weil in der Herberge kein Platz für sie war.
In jener Gegend lagerten Hirten auf freiem Feld und hielten Nachtwache bei ihrer Herde. Da trat der Engel des Herrn zu ihnen, und der Glanz des Herrn umstrahlte sie. Sie fürchteten sich sehr, der Engel aber sagte zu ihnen: Fürchtet euch nicht, denn ich verkünde euch eine große Freude, die dem ganzen Volk zuteil werden soll: Heute ist euch in der Stadt Davids der Retter geboren; er ist der Messias, der Herr. Und das soll euch als Zeichen dienen: Ihr werdet ein Kind finden, das, in Windeln gewickelt, in einer Krippe liegt. Und plötzlich war bei dem Engel ein großes himmlisches Heer, das Gott lobte und sprach: Verherrlicht ist Gott in der Höhe, und auf Erden ist Friede bei den Menschen seiner Gnade.

Als die Engel sie verlassen hatten und in den Himmel zurückgekehrt waren, sagten die Hirten zueinander: Kommt, wir gehen nach Betlehem, um das Ereignis zu sehen, das uns der Herr verkünden ließ. So eilten sie hin und fanden Maria und Josef und das Kind, das in der Krippe lag. Als sie es sahen, erzählten sie, was ihnen über dieses Kind gesagt worden war. Und alle, die es hörten, staunten über die Worte der Hirten. Maria aber bewahrte alles, was geschehen war, in ihrem Herzen und dachte darüber nach. Die Hirten kehrten zurück, rühmten Gott und priesen ihn für das, was sie gehört und gesehen hatten; denn alles war so gewesen, wie es ihnen gesagt worden war.

Worte über Jesus | 2, 21–40

Als acht Tage vorüber waren und das Kind beschnitten werden sollte, gab man ihm den Namen Jesus, den der Engel genannt hatte, noch ehe das Kind im Schoß seiner Mutter empfangen wurde. Dann kam für sie der Tag der vom Gesetz des Mose vorgeschriebenen Reinigung. Sie brachten das Kind nach Jerusalem hinauf, um es dem Herrn zu weihen, gemäß dem Gesetz des Herrn, in dem es heißt: Jede männliche Erstgeburt soll dem Herrn geweiht sein. Auch wollten sie ihr Opfer darbringen, wie es das Gesetz des Herrn vorschreibt: ein Paar Turteltauben oder zwei junge Tauben.

In Jerusalem lebte damals ein Mann namens Simeon. Er war gerecht und fromm und wartete auf die Rettung Israels, und der Heilige Geist ruhte auf ihm. Vom Heiligen Geist war ihm offenbart worden, er werde den Tod nicht schauen, ehe er den Messias des Herrn gesehen habe. Jetzt wurde er vom Geist in den Tempel geführt; und als die Eltern Jesus hereinbrachten, um zu erfül-

len, was nach dem Gesetz üblich war, nahm Simeon das Kind in seine Arme und pries Gott mit den Worten: Nun lässt du, Herr, deinen Knecht, wie du gesagt hast, in Frieden scheiden. Denn meine Augen haben das Heil gesehen, das du vor allen Völkern bereitet hast, ein Licht, das die Heiden erleuchtet, und Herrlichkeit für dein Volk Israel.
Sein Vater und seine Mutter staunten über die Worte, die über Jesus gesagt wurden. Und Simeon segnete sie und sagte zu Maria, der Mutter Jesu: Dieser ist dazu bestimmt, dass in Israel viele durch ihn zu Fall kommen und viele aufgerichtet werden, und er wird ein Zeichen sein, dem widersprochen wird. Dadurch sollen die Gedanken vieler Menschen offenbar werden. Dir selbst aber wird ein Schwert durch die Seele dringen.
Damals lebte auch eine Prophetin namens Hanna, eine Tochter Penuëls, aus dem Stamm Ascher. Sie war schon hoch betagt. Als junges Mädchen hatte sie geheiratet und sieben Jahre mit ihrem Mann gelebt; nun war sie eine Witwe von vierundachtzig Jahren. Sie hielt sich ständig im Tempel auf und diente Gott Tag und Nacht mit Fasten und Beten. In diesem Augenblick nun trat sie hinzu, pries Gott und sprach über das Kind zu allen, die auf die Erlösung Jerusalems warteten. Als seine Eltern alles getan hatten, was das Gesetz des Herrn vorschreibt, kehrten sie nach Galiläa in ihre Stadt Nazaret zurück. Das Kind wuchs heran und wurde kräftig; Gott erfüllte es mit Weisheit, und seine Gnade ruhte auf ihm.

Jesus lehrt im Tempel | 2, 41–52

Die Eltern Jesu gingen jedes Jahr zum Paschafest nach Jerusalem. Als er zwölf Jahre alt geworden war, zogen sie wieder hinauf, wie es dem Festbrauch entsprach. Nachdem die Festtage zu Ende

waren, machten sie sich auf den Heimweg. Der junge Jesus aber blieb in Jerusalem, ohne dass seine Eltern es merkten. Sie meinten, er sei irgendwo in der Pilgergruppe, und reisten eine Tagesstrecke weit; dann suchten sie ihn bei den Verwandten und Bekannten. Als sie ihn nicht fanden, kehrten sie nach Jerusalem zurück und suchten ihn dort. Nach drei Tagen fanden sie ihn im Tempel; er saß mitten unter den Lehrern, hörte ihnen zu und stellte Fragen. Alle, die ihn hörten, waren erstaunt über sein Verständnis und über seine Antworten. Als seine Eltern ihn sahen, waren sie sehr betroffen, und seine Mutter sagte zu ihm: Kind, wie konntest du uns das antun? Dein Vater und ich haben dich voll Angst gesucht. Da sagte er zu ihnen: Warum habt ihr mich gesucht? Wusstet ihr nicht, dass ich in dem sein muss, was meinem Vater gehört?
Doch sie verstanden nicht, was er damit sagen wollte. Dann kehrte er mit ihnen nach Nazaret zurück und war ihnen gehorsam. Seine Mutter bewahrte alles, was geschehen war, in ihrem Herzen. Jesus aber wuchs heran, und seine Weisheit nahm zu, und er fand Gefallen bei Gott und den Menschen.

Johannes der Täufer predigt | 3, 1–20

Es war im fünfzehnten Jahr der Regierung des Kaisers Tiberius; Pontius Pilatus war Statthalter von Judäa, Herodes Tetrarch von Galiläa, sein Bruder Philippus Tetrarch von Ituräa und Trachonitis, Lysanias Tetrarch von Abilene; Hohepriester waren Hannas und Kajaphas. Da erging in der Wüste das Wort Gottes an Johannes, den Sohn des Zacharias. Und er zog in die Gegend am Jordan und verkündigte dort überall Umkehr und Taufe zur Verge-

bung der Sünden. (So erfüllte sich,) was im Buch der Reden des Propheten Jesaja steht: Eine Stimme ruft in der Wüste: Bereitet dem Herrn den Weg! Ebnet ihm die Straßen! Jede Schlucht soll aufgefüllt werden, jeder Berg und Hügel sich senken. Was krumm ist, soll gerade werden, was uneben ist, soll zum ebenen Weg werden. Und alle Menschen werden das Heil sehen, das von Gott kommt. Das Volk zog in Scharen zu ihm hinaus, um sich von ihm taufen zu lassen. Er sagte zu ihnen: Ihr Schlangenbrut, wer hat euch denn gelehrt, dass ihr dem kommenden Gericht entrinnen könnt? Bringt Früchte hervor, die eure Umkehr zeigen, und fangt nicht an zu sagen: Wir haben ja Abraham zum Vater. Denn ich sage euch: Gott kann aus diesen Steinen Kinder Abrahams machen. Schon ist die Axt an die Wurzel der Bäume gelegt; jeder Baum, der keine gute Frucht hervorbringt, wird umgehauen und ins Feuer geworfen. Da fragten ihn die Leute: Was sollen wir also tun? Er antwortete ihnen: Wer zwei Gewänder hat, der gebe eines davon dem, der keines hat, und wer zu essen hat, der handle ebenso. Es kamen auch Zöllner zu ihm, um sich taufen zu lassen, und fragten: Meister, was sollen wir tun? Er sagte zu ihnen: Verlangt nicht mehr, als festgesetzt ist. Auch Soldaten fragten ihn: Was sollen denn wir tun? Und er sagte zu ihnen: Misshandelt niemand, erpresst niemand, begnügt euch mit eurem Sold! Das Volk war voll Erwartung, und alle überlegten im Stillen, ob Johannes nicht vielleicht selbst der Messias sei. Doch Johannes gab ihnen allen zur Antwort: Ich taufe euch nur mit Wasser. Es kommt aber einer, der stärker ist als ich, und ich bin es nicht wert, ihm die Schuhe aufzuschnüren. Er wird euch mit dem Heiligen Geist und mit Feuer taufen. Schon hält er die Schaufel in der Hand, um die Spreu vom Weizen zu trennen und den Weizen in seine Scheune zu bringen; die Spreu aber wird er in nie erlöschendem Feuer verbrennen. Mit diesen und vielen anderen Worten ermahnte er das Volk in seiner Predigt. Johannes tadelte auch den Tetrarchen Herodes wegen (der Sache mit) Herodias, der Frau seines Bruders, und wegen all der anderen Schandtaten, die er verübt hatte. Deshalb ließ Herodes Johannes ins Gefängnis werfen und lud so noch mehr Schuld auf sich.

Jesus lässt sich taufen | 3, 21–22

Zusammen mit dem ganzen Volk ließ auch Jesus sich taufen. Und während er betete, öffnete sich der Himmel, und der Heilige Geist kam sichtbar in Gestalt einer Taube auf ihn herab, und eine Stimme aus dem Himmel sprach: Du bist mein geliebter Sohn, an dir habe ich Gefallen gefunden.

Der Stammbaum Jesu | 3, 23–38

Jesus war etwa dreißig Jahre alt, als er zum ersten Mal öffentlich auftrat. Man hielt ihn für den Sohn Josefs. Die Vorfahren Josefs waren: Eli, Mattat, Levi, Melchi, Jannai, Josef, Mattitja, Amos, Nahum, Hesli, Naggai, Mahat, Mattitja, Schimi, Josech, Joda, Johanan, Resa, Serubbabel, Schealtiël, Neri, Melchi, Addi, Kosam, Elmadam, Er, Joschua, Eliëser, Jorim, Mattat, Levi, Simeon, Juda, Josef, Jonam, Eljakim, Melea, Menna, Mattata, Natan, David, Isai, Obed, Boas, Salmon, Nachschon, Amminadab, Admin, Arni, Hezron, Perez, Juda, Jakob, Isaak, Abraham, Terach, Nahor, Serug, Regu, Peleg, Eber, Schelach, Kenan, Arpachschad, Sem, Noach, Lamech, Metuschelach, Henoch, Jered, Mahalalel, Kenan, Enosch, Set, Adam; (der stammte von) Gott.

Die Versuchungsgeschichte | 4, 1–13

Erfüllt vom Heiligen Geist, verließ Jesus die Jordangegend. Darauf führte ihn der Geist vierzig Tage lang in der Wüste umher, und dabei wurde Jesus vom Teufel in Versuchung geführt. Die ganze Zeit über aß er nichts; als aber die vierzig Tage vorüber waren, hatte er Hunger. Da sagte der Teufel zu ihm: Wenn du Gottes Sohn bist, so befiehl diesem Stein, zu Brot zu werden. Jesus antwortete ihm: In der Schrift heißt es: Der Mensch lebt nicht nur von Brot. Da führte ihn der Teufel (auf einen Berg) hinauf und zeigte ihm in einem einzigen Augenblick alle Reiche der Erde. Und er sagte zu ihm: All die Macht und Herrlichkeit dieser Reiche will ich dir geben; denn sie sind mir überlassen, und ich gebe sie, wem ich will. Wenn du dich vor mir niederwirfst und mich anbetest, wird dir alles gehören. Jesus antwortete ihm: In der Schrift steht: Vor dem Herrn, deinem Gott, sollst du dich niederwerfen und ihm allein dienen. Darauf führte ihn der Teufel nach Jerusalem, stellte ihn oben auf den Tempel und sagte zu ihm: Wenn du Gottes Sohn bist, so stürz dich von hier hinab; denn es heißt in der Schrift: Seinen Engeln befiehlt er, dich zu behüten; und: Sie werden dich auf ihren Händen tragen, damit dein Fuß nicht an einen Stein stößt. Da antwortete ihm Jesus: Die Schrift sagt: Du sollst den Herrn, deinen Gott, nicht auf die Probe stellen. Nach diesen Versuchungen ließ der Teufel für eine gewisse Zeit von ihm ab.

Jesus predigt in Galiläa | 4, 14–15

Jesus kehrte, erfüllt von der Kraft des Geistes, nach Galiläa zurück. Und die Kunde von ihm verbreitete sich in der ganzen Gegend. Er lehrte in den Synagogen und wurde von allen gepriesen.

Keiner gilt etwas in seiner Heimat | 4, 16–30

So kam er auch nach Nazaret, wo er aufgewachsen war, und ging, wie gewohnt, am Sabbat in die Synagoge. Als er aufstand, um aus der Schrift vorzulesen, reichte man ihm das Buch des Propheten Jesaja. Er schlug das Buch auf und fand die Stelle, wo es heißt: Der Geist des Herrn ruht auf mir; denn der Herr hat mich gesalbt. Er hat mich gesandt, damit ich den Armen eine gute Nachricht bringe; damit ich den Gefangenen die Entlassung verkünde und den Blinden das Augenlicht; damit ich die Zerschlagenen in Freiheit setze und ein Gnadenjahr des Herrn ausrufe. Dann schloss er das Buch, gab es dem Synagogendiener und setzte sich. Die Augen aller in der Synagoge waren auf ihn gerichtet. Da begann er, ihnen darzulegen: Heute hat sich das Schriftwort, das ihr eben gehört habt, erfüllt.
Seine Rede fand bei allen Beifall; sie staunten darüber, wie begnadet er redete, und sagten: Ist das nicht der Sohn Josefs? Da entgegnete er ihnen: Sicher werdet ihr mir das Sprichwort vorhalten: Arzt, heile dich selbst! Wenn du in Kafarnaum so große Dinge getan hast, wie wir gehört haben, dann tu sie auch hier in deiner Heimat! Und er setzte hinzu: Amen, das sage ich euch: Kein Prophet wird in seiner Heimat anerkannt. Wahrhaftig, das sage ich euch: In Israel gab es viele Witwen in den Tagen des Elija, als der Himmel für drei Jahre und sechs Monate verschlossen war und eine große Hungersnot über das ganze Land kam. Aber zu keiner von ihnen wurde Elija gesandt, nur zu einer Witwe in Sarepta bei Sidon. Und viele Aussätzige gab es in Israel zur Zeit des Propheten Elischa. Aber keiner von ihnen wurde geheilt, nur der Syrer Naaman.
Als die Leute in der Synagoge das hörten, gerieten sie alle in Wut. Sie sprangen auf und trieben Jesus zur Stadt hinaus; sie

brachten ihn an den Abhang des Berges, auf dem ihre Stadt erbaut war, und wollten ihn hinabstürzen. Er aber schritt mitten durch die Menge hindurch und ging weg.

Jesus predigt in der Synagoge von Kafarnaum | 4, 31–37

Jesus ging hinab nach Kafarnaum, einer Stadt in Galiläa, und lehrte die Menschen am Sabbat. Sie waren sehr betroffen von seiner Lehre, denn er redete mit (göttlicher) Vollmacht. In der Synagoge saß ein Mann, der von einem Dämon, einem unreinen Geist, besessen war. Der begann laut zu schreien: Was haben wir mit dir zu tun, Jesus von Nazaret? Bist du gekommen, um uns ins Verderben zu stürzen? Ich weiß, wer du bist: der Heilige Gottes! Da befahl ihm Jesus: Schweig und verlass ihn! Der Dämon warf den Mann mitten in der Synagoge zu Boden und verließ ihn, ohne ihn jedoch zu verletzen.
Da waren alle erstaunt und erschrocken, und einer fragte den andern: Was ist das für ein Wort? Mit Vollmacht und Kraft befiehlt er den unreinen Geistern, und sie fliehen. Und sein Ruf verbreitete sich in der ganzen Gegend.

Jesus heilt die Schwiegermutter des Petrus | 4, 38–39

Jesus stand auf, verließ die Synagoge und ging in das Haus des Simon. Die Schwiegermutter des Simon hatte hohes Fieber, und sie baten ihn, ihr zu helfen.
Er trat zu ihr hin, beugte sich über sie und befahl dem Fieber zu weichen. Da wich es von ihr, und sie stand sofort auf und sorgte für sie.

Jesus heilt Besessene und Kranke | 4, 40–41

Als die Sonne unterging, brachten die Leute ihre Kranken, die alle möglichen Leiden hatten, zu Jesus. Er legte jedem Kranken die Hände auf und heilte alle. Von vielen fuhren auch Dämonen aus und schrieen: Du bist der Sohn Gottes! Da fuhr er sie schroff an und ließ sie nicht reden; denn sie wussten, dass er der Messias war.

Jesus verlässt Kafarnaum | 4, 42–44

Bei Tagesanbruch verließ er die Stadt und ging an einen einsamen Ort. Aber die Menschen suchten ihn, und als sie ihn fanden, wollten sie ihn daran hindern wegzugehen. Er sagte zu ihnen: Ich muss auch den anderen Städten das Evangelium vom Reich Gottes verkünden; denn dazu bin ich gesandt worden. Und er predigte in den Synagogen Judäas.

Jesus beruft die ersten Jünger | 5, 1–11

Als Jesus am Ufer des Sees Gennesaret stand, drängte sich das Volk um ihn und wollte das Wort Gottes hören. Da sah er zwei Boote am Ufer liegen. Die Fischer waren ausgestiegen und wuschen ihre Netze. Jesus stieg in das Boot, das dem Simon gehörte, und bat ihn, ein Stück weit vom Land wegzufahren. Dann setzte er sich und lehrte das Volk vom Boot aus.

Als er seine Rede beendet hatte, sagte er zu Simon: Fahr hinaus auf den See! Dort werft eure Netze zum Fang aus! Simon antwortete ihm: Meister, wir haben die ganze Nacht gearbeitet und

nichts gefangen. Doch wenn du es sagst, werde ich die Netze auswerfen. Das taten sie, und sie fingen eine so große Menge Fische, dass ihre Netze zu reißen drohten. Deshalb winkten sie ihren Gefährten im anderen Boot, sie sollten kommen und ihnen helfen. Sie kamen, und gemeinsam füllten sie beide Boote bis zum Rand, so dass sie fast untergingen.
Als Simon Petrus das sah, fiel er Jesus zu Füßen und sagte: Herr, geh weg von mir; ich bin ein Sünder. Denn er und alle seine Begleiter waren erstaunt und erschrocken, weil sie so viele Fische gefangen hatten; ebenso ging es Jakobus und Johannes, den Söhnen des Zebedäus, die mit Simon zusammenarbeiteten. Da sagte Jesus zu Simon: Fürchte dich nicht! Von jetzt an wirst du Menschen fangen. Und sie zogen die Boote an Land, ließen alles zurück und folgten ihm nach.

Jesus heilt einen Aussätzigen | 5, 12–16

Als Jesus in einer der Städte war, kam ein Mann, der am ganzen Körper Aussatz hatte. Sobald er Jesus sah, warf er sich vor ihm zu Boden und bat ihn: Herr, wenn du willst, kannst du machen, dass ich rein werde. Da streckte Jesus die Hand aus, berührte ihn und sagte: Ich will es – werde rein! Im gleichen Augenblick verschwand der Aussatz. Jesus befahl ihm: Erzähl niemand davon, sondern geh, zeig dich dem Priester und bring das Reinigungsopfer dar, wie es Mose angeordnet hat. Das soll für sie ein Beweis (deiner Heilung) sein.
Sein Ruf verbreitete sich immer mehr, so dass die Menschen von überall herbeiströmten. Sie alle wollten ihn hören und von ihren Krankheiten geheilt werden. Doch er zog sich an einen einsamen Ort zurück, um zu beten.

Jesus heilt einen Gelähmten | 5, 17–26

Eines Tages, als Jesus wieder lehrte, saßen unter den Zuhörern auch Pharisäer und Gesetzeslehrer; sie waren aus allen Dörfern Galiläas und Judäas und aus Jerusalem gekommen. Und die Kraft des Herrn drängte ihn dazu, zu heilen. Da brachten einige Männer einen Gelähmten auf einer Tragbahre. Sie wollten ihn ins Haus bringen und vor Jesus hinlegen. Weil es ihnen aber wegen der vielen Leute nicht möglich war, ihn hineinzubringen, stiegen sie aufs Dach, deckten die Ziegel ab und ließen ihn auf seiner Tragbahre in die Mitte des Raumes hinunter, genau vor Jesus hin. Als er ihren Glauben sah, sagte er zu dem Mann: Deine Sünden sind dir vergeben.

Da dachten die Schriftgelehrten und die Pharisäer: Wer ist das, dass er eine solche Gotteslästerung wagt? Wer außer Gott kann Sünden vergeben? Jesus aber merkte, was sie dachten, und sagte zu ihnen: Was habt ihr für Gedanken im Herzen? Was ist leichter, zu sagen: Deine Sünden sind dir vergeben!, oder zu sagen: Steh auf und geh umher? Ihr sollt aber erkennen, dass der Menschensohn die Vollmacht hat, hier auf der Erde Sünden zu vergeben. Und er sagte zu dem Gelähmten: Ich sage dir: Steh auf, nimm deine Tragbahre, und geh nach Hause!

Im gleichen Augenblick stand der Mann vor aller Augen auf. Er nahm die Tragbahre, auf der er gelegen hatte, und ging heim, Gott lobend und preisend.

Da gerieten alle außer sich; sie priesen Gott und sagten voller Furcht: Heute haben wir etwas Unglaubliches gesehen.

Jesus beruft Levi und isst mit den Zöllnern | 5, 27–32

Als Jesus von dort wegging, sah er einen Zöllner namens Levi am Zoll sitzen und sagte zu ihm: Folge mir nach! Da stand Levi auf, verließ alles und folgte ihm. Und er gab für Jesus in seinem Haus ein großes Festmahl. Viele Zöllner und andere Gäste waren mit ihnen bei Tisch. Da sagten die Pharisäer und ihre Schriftgelehrten voll Unwillen zu seinen Jüngern: Wie könnt ihr zusammen mit Zöllnern und Sündern essen und trinken? Jesus antwortete ihnen: Nicht die Gesunden brauchen den Arzt, sondern die Kranken. Ich bin gekommen, um die Sünder zur Umkehr zu rufen, nicht die Gerechten.

Soll man fasten? | 5, 33–39

Sie sagten zu ihm: Die Jünger des Johannes fasten und beten viel, ebenso die Jünger der Pharisäer; deine Jünger aber essen und trinken. Jesus erwiderte ihnen: Könnt ihr denn die Hochzeitsgäste fasten lassen, solange der Bräutigam bei ihnen ist? Es werden aber Tage kommen, da wird ihnen der Bräutigam genommen sein; in jenen Tagen werden sie fasten.

Und er erzählte ihnen auch noch ein Gleichnis: Niemand schneidet ein Stück von einem neuen Kleid ab und setzt es auf ein altes Kleid; denn das neue Kleid wäre zerschnitten, und zu dem alten Kleid würde das Stück von dem neuen nicht passen. Auch füllt niemand neuen Wein in alte Schläuche. Denn der neue Wein zerreißt die Schläuche; er läuft aus, und die Schläuche sind unbrauchbar. Neuen Wein muss man in neue Schläuche füllen. Und niemand, der alten Wein getrunken hat, will neuen; denn er sagt: Der alte Wein ist besser.

Verbotene Tätigkeit am Sabbat | 6, 1–5

Als er an einem Sabbat durch die Kornfelder ging, rissen seine Jünger Ähren ab, zerrieben sie mit den Händen und aßen sie. Da sagten einige Pharisäer: Was tut ihr da? Das ist doch am Sabbat verboten! Jesus erwiderte ihnen: Habt ihr nicht gelesen, was David getan hat, als er und seine Begleiter hungrig waren – wie er in das Haus Gottes ging und die heiligen Brote nahm, die nur die Priester essen dürfen, und wie er sie aß und auch seinen Begleitern davon gab? Und Jesus fügte hinzu: Der Menschensohn ist Herr über den Sabbat.

Die Heilung eines Mannes am Sabbat | 6, 6–11

An einem anderen Sabbat ging er in die Synagoge und lehrte. Dort saß ein Mann, dessen rechte Hand verdorrt war. Die Schriftgelehrten und die Pharisäer gaben Acht, ob er am Sabbat heilen werde; sie suchten nämlich einen Grund zur Anklage gegen ihn. Er aber wusste, was sie im Sinn hatten, und sagte zu dem Mann mit der verdorrten Hand: Steh auf und stell dich in die Mitte! Der Mann stand auf und trat vor. Dann sagte Jesus zu ihnen: Ich frage euch: Was ist am Sabbat erlaubt: Gutes zu tun oder Böses, ein Leben zu retten oder es zu Grunde gehen zu lassen?

Und er sah sie alle der Reihe nach an und sagte dann zu dem Mann: Streck deine Hand aus! Er tat es, und seine Hand war wieder gesund.

Da wurden sie von sinnloser Wut erfüllt und berieten, was sie gegen Jesus unternehmen könnten.

Jesus erwählt die Zwölf | 6, 12–16

In diesen Tagen ging er auf einen Berg, um zu beten. Und er verbrachte die ganze Nacht im Gebet zu Gott. Als es Tag wurde, rief er seine Jünger zu sich und wählte aus ihnen zwölf aus; sie nannte er auch Apostel. (Es waren) Simon, dem er den Namen Petrus gab, und sein Bruder Andreas, dazu Jakobus und Johannes, Philippus und Bartholomäus, Matthäus und Thomas, Jakobus, der Sohn des Alphäus, und Simon, genannt der Zelot, Judas, der Sohn des Jakobus, und Judas Iskariot, der zum Verräter wurde.

Viele strömen herbei | 6, 17–19

Jesus stieg mit ihnen den Berg hinab. In der Ebene blieb er mit einer großen Schar seiner Jünger stehen, und viele Menschen aus ganz Judäa und Jerusalem und dem Küstengebiet von Tyrus und Sidon strömten herbei. Sie alle wollten ihn hören und von ihren Krankheiten geheilt werden. Auch die von unreinen Geistern Geplagten wurden geheilt. Alle Leute versuchten, ihn zu berühren; denn es ging eine Kraft von ihm aus, die alle heilte.

Die Feldrede: 6, 20–49
Seligpreisungen und Weherufe | 6, 20–26

Er richtete seine Augen auf seine Jünger und sagte: Selig, ihr Amen, denn euch gehört das Reich Gottes. Selig, die ihr jetzt hungert, denn ihr werdet satt werden. Selig, die ihr jetzt weint, denn ihr werdet lachen. Selig seid ihr, wenn euch die Menschen hassen und aus ihrer Gemeinschaft ausschließen, wenn sie euch beschimpfen und euch in Verruf bringen um des Menschensohnes willen. Freut euch und jauchzt an jenem Tag; euer Lohn im Himmel wird groß sein. Denn ebenso haben es ihre Väter mit den Propheten gemacht. Aber weh euch, die ihr reich seid; denn ihr habt keinen Trost mehr zu erwarten. Weh euch, die ihr jetzt satt seid; denn ihr werdet hungern. Weh euch, die ihr jetzt lacht; denn ihr werdet klagen und weinen. Weh euch, wenn euch alle Menschen loben; denn ebenso haben es ihre Väter mit den falschen Propheten gemacht.

Anweisungen Jesu | 6, 27–36

Euch, die ihr mir zuhört, sage ich: Liebt eure Feinde; tut denen Gutes, die euch hassen. Segnet die, die euch verfluchen; betet für die, die euch misshandeln. Dem, der dich auf die eine Wange schlägt, halt auch die andere hin, und dem, der dir den Mantel wegnimmt, lass auch das Hemd. Gib jedem, der dich bittet; und wenn dir jemand etwas wegnimmt, verlang es nicht zurück. Was ihr von anderen erwartet, das tut ebenso auch ihnen. Wenn ihr nur die liebt, die euch lieben, welchen Dank erwartet ihr dafür? Auch die Sünder lieben die, von denen sie geliebt werden. Und wenn ihr nur denen Gutes tut, die euch Gutes tun, welchen Dank erwartet ihr dafür? Das tun auch die Sünder. Und wenn ihr nur denen etwas leiht, von denen ihr es zurückzubekommen hofft, welchen Dank erwartet ihr dafür? Auch die Sünder leihen Sündern in der Hoffnung, alles zurückzubekommen. Ihr aber sollt eure Feinde lieben und sollt Gutes tun und leihen, auch wo ihr nichts dafür erhoffen könnt. Dann wird euer Lohn groß sein, und ihr werdet Söhne des Höchsten sein; denn auch er ist gütig gegen die Undankbaren und Bösen. Seid barmherzig, wie es auch euer Vater ist!

Macht euch nicht zum Richter | 6, 37–42

Richtet nicht, dann werdet auch ihr nicht gerichtet werden. Verurteilt nicht, dann werdet auch ihr nicht verurteilt werden. Erlasst einander die Schuld, dann wird auch euch die Schuld erlassen werden. Gebt, dann wird auch euch gegeben werden. In reichem, vollem, gehäuftem, überfließendem Maß wird man euch beschenken; denn nach dem Maß, mit dem ihr messt und zuteilt, wird auch euch zugeteilt werden.
Er gebrauchte auch einen Vergleich und sagte: Kann ein Blinder einen Blinden führen? Werden nicht beide in eine Grube fallen? Der Jünger steht nicht über seinem Meister; jeder aber, der alles gelernt hat, wird wie sein Meister sein.
Warum siehst du den Splitter im Auge deines Bruders, aber den Balken in deinem eigenen Auge bemerkst du nicht? Wie kannst du zu deinem Bruder sagen: Bruder, lass mich den Splitter aus deinem Auge herausziehen!, während du den Balken in deinem eigenen Auge nicht siehst? Du Heuchler! Zieh zuerst den Balken aus deinem Auge; dann kannst du versuchen, den Splitter aus dem Auge deines Bruders herauszuziehen.

Die wahre Frömmigkeit | 6, 43–46

Es gibt keinen guten Baum, der schlechte Früchte hervorbringt, noch einen schlechten Baum, der gute Früchte hervorbringt. Jeden Baum erkennt man an seinen Früchten: Von den Disteln pflückt man keine Feigen, und vom Dornstrauch erntet man keine Trauben. Ein guter Mensch bringt Gutes hervor, weil in seinem Herzen Gutes ist; und ein böser Mensch bringt Böses hervor, weil in seinem Herzen Böses ist. Wovon das Herz voll ist, davon spricht der Mund.. Was sagt ihr zu mir: Herr! Herr!, und tut nicht, was ich sage?

Das Haus auf dem Felsen | 6, 47–49

Ich will euch zeigen, wem ein Mensch gleicht, der zu mir kommt und meine Worte hört und danach handelt. Er ist wie ein Mann, der ein Haus baute und dabei die Erde tief aushob und das Fundament auf einen Felsen stellte. Als nun ein Hochwasser kam und die Flutwelle gegen das Haus prallte, konnte sie es nicht erschüttern, weil es gut gebaut war. Wer aber hört und nicht danach handelt, ist wie ein Mann, der sein Haus ohne Fundament auf die Erde baute. Die Flutwelle prallte dagegen, das Haus stürzte sofort in sich zusammen und wurde völlig zerstört.

Weitere Zeichen und Worte Jesu: 7, 1–9, 50
Der Hauptmann von Kafarnaum | 7, 1–10

Als Jesus diese Rede vor dem Volk beendet hatte, ging er nach Kafarnaum hinein. Ein Hauptmann hatte einen Diener, der todkrank war und den er sehr schätzte. Als der Hauptmann von Jesus hörte, schickte er einige von den jüdischen Ältesten zu ihm mit der Bitte, zu kommen und seinen Diener zu retten. Sie gingen zu Jesus und baten ihn inständig. Sie sagten: Er verdient es, dass du seine Bitte erfüllst; denn er liebt unser Volk und hat uns die Synagoge gebaut.
Da ging Jesus mit ihnen. Als er nicht mehr weit von dem Haus entfernt war, schickte der Hauptmann Freunde und ließ ihm sagen: Herr, bemüh dich nicht! Denn ich bin es nicht wert, dass du

mein Haus betrittst. Deshalb habe ich mich auch nicht für würdig gehalten, selbst zu dir zu kommen. Sprich nur ein Wort, dann muss mein Diener gesund werden. Auch ich muss Befehlen gehorchen, und ich habe selber Soldaten unter mir; sage ich nun zu einem: Geh!, so geht er, und zu einem andern: Komm!, so kommt er, und zu meinem Diener: Tu das!, so tut er es.
Jesus war erstaunt über ihn, als er das hörte. Und er wandte sich um und sagte zu den Leuten, die ihm folgten: Ich sage euch: Nicht einmal in Israel habe ich einen solchen Glauben gefunden. Und als die Männer, die der Hauptmann geschickt hatte, in das Haus zurückkehrten, stellten sie fest, dass der Diener gesund war.

Die Auferweckung eines jungen Mannes in Naïn | 7, 11–17

Einige Zeit später ging er in eine Stadt namens Naïn; seine Jünger und eine große Menschenmenge folgten ihm. Als er in die Nähe des Stadttors kam, trug man gerade einen Toten heraus. Es war der einzige Sohn seiner Mutter, einer Witwe. Und viele Leute aus der Stadt begleiteten sie.
Als der Herr die Frau sah, hatte er Mitleid mit ihr und sagte zu ihr: Weine nicht! Dann ging er zu der Bahre hin und fasste sie an. Die Träger blieben stehen, und er sagte: Ich befehle dir, junger Mann: Steh auf! Da richtete sich der Tote auf und begann zu sprechen, und Jesus gab ihn seiner Mutter zurück. Alle wurden von Furcht ergriffen; sie priesen Gott und sagten: Ein großer Prophet ist unter uns aufgetreten: Gott hat sich seines Volkes angenommen. Und die Kunde davon verbreitete sich überall in Judäa und im ganzen Gebiet ringsum.

Die Frage des Täufers | 7, 18–23

Johannes erfuhr das alles von seinen Jüngern. Da rief er zwei von ihnen zu sich, schickte sie zum Herrn und ließ ihn fragen: Bist du der, der kommen soll, oder müssen wir auf einen andern warten? Als die beiden Männer zu Jesus kamen, sagten sie: Johannes der Täufer hat uns zu dir geschickt und lässt dich fragen: Bist du der, der kommen soll, oder müssen wir auf einen andern warten? Damals heilte Jesus viele Menschen von ihren Krankheiten und Leiden, befreite sie von bösen Geistern und schenkte vielen Blinden das Augenlicht. Er antwortete den beiden: Geht und berichtet Johannes, was ihr gesehen und gehört habt: Blinde sehen wieder, Lahme gehen, und Aussätzige werden rein; Taube hören, Tote stehen auf, und den Armen wird das Evangelium verkündet. Selig ist, wer an mir keinen Anstoß nimmt.

Das Urteil Jesu über den Täufer | 7, 24–35

Als die Boten des Johannes weggegangen waren, begann Jesus zu der Menge über Johannes zu reden; er sagte: Was habt ihr denn sehen wollen, als ihr in die Wüste hinausgegangen seid? Ein Schilfrohr, das im Wind schwankt? Oder was habt ihr sehen wollen, als ihr hinausgegangen seid? Einen Mann in feiner Kleidung? Leute, die vornehm gekleidet sind und üppig leben, findet man in den Palästen der Könige. Oder was habt ihr sehen wollen, als ihr hinausgegangen seid? Einen Propheten? Ja, ich sage euch: Ihr habt sogar mehr gesehen als einen Propheten. Er ist der, von dem es in der Schrift heißt: Ich sende meinen Boten vor dir her; er soll den Weg für dich bahnen. Ich sage euch: Unter allen Menschen gibt es keinen größeren als Johannes; doch der Kleinste im

Reich Gottes ist größer als er. Unter allen Menschen, wörtlich: Unter allen von einer Frau Geborenen. Das ganze Volk, das Johannes hörte, selbst die Zöllner, sie alle haben den Willen Gottes anerkannt und sich von Johannes taufen lassen. Doch die Pharisäer und die Gesetzeslehrer haben den Willen Gottes missachtet und sich von Johannes nicht taufen lassen. Mit wem soll ich also die Menschen dieser Generation vergleichen? Wem sind sie ähnlich? Sie sind wie Kinder, die auf dem Marktplatz sitzen und einander zurufen: Wir haben für euch auf der Flöte (Hochzeitslieder) gespielt, und ihr habt nicht getanzt; wir haben Klagelieder gesungen, und ihr habt nicht geweint. Johannes der Täufer ist gekommen, er isst kein Brot und trinkt keinen Wein, und ihr sagt: Er ist von einem Dämon besessen. Der Menschensohn ist gekommen, er isst und trinkt; darauf sagt ihr: Dieser Fresser und Säufer, dieser Freund der Zöllner und Sünder! Und doch hat die Weisheit durch alle ihre Kinder Recht bekommen.

Jesus begegnet der Sünderin | 7, 36–50

Jesus ging in das Haus eines Pharisäers, der ihn zum Essen eingeladen hatte, und legte sich zu Tisch. Als nun eine Sünderin, die in der Stadt lebte, erfuhr, dass er im Haus des Pharisäers bei Tisch war, kam sie mit einem Alabastergefäß voll wohlriechendem Öl und trat von hinten an ihn heran. Dabei weinte sie, und ihre Tränen fielen auf seine Füße. Sie trocknete seine Füße mit ihrem Haar, küsste sie und salbte sie mit dem Öl. Als der Pharisäer, der ihn eingeladen hatte, das sah, dachte er: Wenn er wirklich ein Prophet wäre, müsste er wissen, was das für eine Frau ist, von der er sich berühren lässt; er wüsste, dass sie eine Sünderin ist. Da wandte sich Jesus an ihn und sagte: Simon, ich möchte dir etwas sagen. Er erwiderte: Sprich, Meister! (Jesus sagte:) Ein Geldverleiher hatte zwei Schuldner; der eine war ihm fünfhundert Denare schuldig, der andere fünfzig. Als sie ihre Schulden nicht bezahlen konnten, erließ er sie beiden. Wer von ihnen wird ihn nun mehr lieben? Simon antwortete: Ich nehme an, der, dem er mehr erlassen hat. Jesus sagte zu ihm: Du hast recht. Dann wandte er sich der Frau zu und sagte zu Simon: Siehst du diese Frau? Als ich in dein Haus kam, hast du mir kein Wasser zum Waschen der Füße gegeben; sie aber hat ihre Tränen über meinen Füßen vergossen und sie mit ihrem Haar abgetrocknet. Du hast mir (zur Begrüßung) keinen Kuss gegeben; sie aber hat mir, seit ich hier bin, unaufhörlich die Füße geküsst. Du hast mir nicht das Haar mit Öl gesalbt; sie aber hat mir mit ihrem wohlriechenden Öl die Füße gesalbt. Deshalb sage ich dir: Ihr sind ihre vielen Sünden vergeben, weil sie (mir) so viel Liebe gezeigt hat. Wem aber nur wenig vergeben wird, der zeigt auch nur wenig Liebe. Dann sagte er zu ihr: Deine Sünden sind dir vergeben. Da dachten die anderen Gäste: Wer ist das, dass er sogar Sünden vergibt? Er aber sagte zu der Frau: Dein Glaube hat dir geholfen. Geh in Frieden!

Die Frauen im Gefolge Jesu | 8, 1–3

In der folgenden Zeit wanderte er von Stadt zu Stadt und von Dorf zu Dorf und verkündete das Evangelium vom Reich Gottes. Die Zwölf begleiteten ihn, außerdem einige Frauen, die er von bösen Geistern und von Krankheiten geheilt hatte: Maria Magdalene, aus der sieben Dämonen ausgefahren waren, Johanna, die Frau des Chuzas, eines Beamten des Herodes, Susanna und viele andere. Sie alle unterstützten Jesus und die Jünger mit dem, was sie besaßen.

Das Gleichnis vom Sämann | 8, 4–8

Als die Leute aus allen Städten zusammenströmten und sich viele Menschen um ihn versammelten, erzählte er ihnen dieses Gleichnis: Ein Sämann ging aufs Feld, um seinen Samen auszusäen. Als er säte, fiel ein Teil der Körner auf den Weg; sie wurden zertreten, und die Vögel des Himmels fraßen sie. Ein anderer Teil fiel auf Felsen, und als die Saat aufging, verdorrte sie, weil es ihr an Feuchtigkeit fehlte. Wieder ein anderer Teil fiel mitten in die Dornen, und die Dornen wuchsen zusammen mit der Saat hoch und erstickten sie. Ein anderer Teil schließlich fiel auf guten Boden, ging auf und brachte hundertfach Frucht. Als Jesus das gesagt hatte, rief er: Wer Ohren hat zum Hören, der höre!

Sinn und Zweck der Gleichnisse | 8, 9–10

Seine Jünger fragten ihn, was das Gleichnis bedeute. Da sagte er: Euch ist es gegeben, die Geheimnisse des Reiches Gottes zu erkennen. Zu den anderen Menschen aber wird nur in Gleichnissen geredet; denn sie sollen sehen und doch nicht sehen, hören und doch nicht verstehen.

Die Deutung des Gleichnisses vom Sämann | 8, 11–15

Das ist der Sinn des Gleichnisses: Der Samen ist das Wort Gottes. Auf den Weg ist der Samen bei denen gefallen, die das Wort zwar hören, denen es aber der Teufel dann aus dem Herzen reißt, damit sie nicht glauben und nicht gerettet werden. Auf den Felsen ist der Samen bei denen gefallen, die das Wort freudig auf-

nehmen, wenn sie es hören; aber sie haben keine Wurzeln: Eine Zeit lang glauben sie, doch in der Zeit der Prüfung werden sie abtrünnig. Unter die Dornen ist der Samen bei denen gefallen, die das Wort zwar hören, dann aber weggehen und in den Sorgen, dem Reichtum und den Genüssen des Lebens ersticken, deren Frucht also nicht reift. Auf guten Boden ist der Samen bei denen gefallen, die das Wort mit gutem und aufrichtigem Herzen hören, daran festhalten und durch ihre Ausdauer Frucht bringen.

Das rechte Hören | 8, 16–18

Niemand zündet ein Licht an und deckt es mit einem Gefäß zu oder stellt es unter das Bett, sondern man stellt das Licht auf den Leuchter, damit alle, die eintreten, es leuchten sehen. Es gibt nichts Verborgenes, das nicht offenbar wird, und nichts Geheimes, das nicht bekannt wird und an den Tag kommt. Gebt also Acht, dass ihr richtig zuhört! Denn wer hat, dem wird gegeben; wer aber nicht hat, dem wird auch noch weggenommen, was er zu haben meint.

Die wahren Verwandten Jesu | 8,19-21

Eines Tages kamen seine Mutter und seine Brüder zu ihm; sie konnten aber wegen der vielen Leute nicht zu ihm gelangen. Da sagte man ihm: Deine Mutter und deine Brüder stehen draußen und möchten dich sehen. Er erwiderte: Meine Mutter und meine Brüder sind die, die das Wort Gottes hören und danach handeln.

Der Sturm auf dem See | 8, 22–25

Eines Tages stieg er mit seinen Jüngern in ein Boot und sagte zu ihnen: Wir wollen ans andere Ufer des Sees hinüberfahren. Und sie fuhren ab. Während der Fahrt aber schlief er ein. Plötzlich brach über dem See ein Wirbelsturm los; das Wasser schlug in das Boot, und sie gerieten in große Gefahr. Da traten sie zu ihm und weckten ihn; sie riefen: Meister, Meister, wir gehen zu Grunde! Er stand auf, drohte dem Wind und den Wellen, und sie legten sich, und es trat Stille ein. Dann sagte er zu den Jüngern: Wo ist euer Glaube? Sie aber fragten einander voll Schrecken und Staunen: Was ist das für ein Mensch, dass sogar die Winde und das Wasser seinem Befehl gehorchen?

Die Heilung des Besessenen von Gerasa | 8, 26–39

Sie fuhren in das Gebiet von Gerasa, das dem galiläischen Ufer gegenüberliegt. Als Jesus an Land ging, lief ihm ein Mann aus der Stadt entgegen, der von Dämonen besessen war. Schon seit langem trug er keine Kleider mehr und lebte nicht mehr in einem Haus, sondern in den Grabhöhlen. Als er Jesus sah, schrie er auf, fiel vor ihm nieder und rief laut: Was habe ich mit dir zu tun, Jesus, Sohn des höchsten Gottes? Ich bitte dich: Quäle mich nicht! Jesus hatte nämlich dem unreinen Geist befohlen, den Mann zu verlassen. Denn schon seit langem hatte ihn der Geist in seiner Gewalt, und man hatte ihn wie einen Gefangenen an Händen und Füßen gefesselt. Aber immer wieder zerriss er die Fesseln und wurde von dem Dämon in menschenleere Gegenden getrieben. Jesus fragte ihn: Wie heißt du? Er antwortete: Legion. Denn er war von vielen Dämonen besessen. Und die Dämonen baten Jesus, sie nicht zur Hölle zu schicken. Nun weidete dort an einem Berg gerade eine große Schweineherde. Die Dämonen baten Jesus, ihnen zu erlauben, in die Schweine hinein zu fahren. Er erlaubte es ihnen. Da verließen die Dämonen den Menschen und fuhren in die Schweine, und die Herde stürzte sich den Abhang hinab in den See und ertrank. Als die Hirten das sahen, flohen sie und erzählten alles in der Stadt und in den Dörfern. Darauf eilten die Leute herbei, um zu sehen, was geschehen war. Sie kamen zu Jesus und sahen, dass der Mann, den die Dämonen verlassen hatten, wieder bei Verstand war und ordentlich gekleidet Jesus zu Füßen saß. Da fürchteten sie sich. Die, die alles gesehen hatten, berichteten ihnen, wie der Besessene geheilt wurde. Darauf baten alle, die im Gebiet von Gerasa wohnten, Jesus, sie zu verlassen; denn es hatte sie große Angst gepackt. Da stieg Jesus ins Boot und fuhr zurück. Der Mann, den die Dämonen verlassen hatten, bat Jesus, bei ihm bleiben zu dürfen. Doch Jesus schickte ihn weg und sagte: Kehr in dein Haus zurück, und erzähl alles, was Gott für dich getan hat. Da ging er weg und verkündete in der ganzen Stadt, was Jesus für ihn getan hatte.

Weitere Zeichen, Erweckung und Heilung | 8, 40–56

Als Jesus (ans andere Ufer) zurückkam, empfingen ihn viele Menschen; sie hatten alle schon auf ihn gewartet. Da kam ein Mann namens Jaïrus, der Synagogenvorsteher war. Er fiel Jesus zu Füßen und bat ihn, in sein Haus zu kommen. Denn sein einziges Kind, ein Mädchen von etwa zwölf Jahren, lag im Sterben. Während Jesus auf dem Weg zu ihm war, drängten sich die Menschen um ihn und erdrückten ihn beinahe. Darunter war eine Frau, die schon seit zwölf Jahren an Blutungen litt und bisher von niemand

geheilt werden konnte. Sie drängte sich von hinten an ihn heran und berührte den Saum seines Gewandes. Im gleichen Augenblick kam die Blutung zum Stillstand. Da fragte Jesus: Wer hat mich berührt? Als alle es abstritten, sagten Petrus und seine Gefährten: Meister, die Leute drängen sich doch von allen Seiten um dich und erdrücken dich fast. Jesus erwiderte: Es hat mich jemand berührt; denn ich fühlte, wie eine Kraft von mir ausströmte. Als die Frau merkte, dass sie es nicht verheimlichen konnte, kam sie zitternd zu ihm, fiel vor ihm nieder und erzählte vor allen Leuten, warum sie ihn berührt hatte und wie sie durch die Berührung sofort gesund geworden war. Da sagte er zu ihr: Meine Tochter, dein Glaube hat dir geholfen. Geh in Frieden!
Während Jesus noch redete, kam einer, der zum Haus des Synagogenvorstehers gehörte, und sagte (zu Jaïrus): Deine Tochter ist gestorben. Bemüh den Meister nicht länger! Jesus hörte es und sagte zu Jaïrus: Sei ohne Furcht; glaube nur, dann wird sie gerettet. Als er in das Haus ging, ließ er niemand mit hinein außer Petrus, Johannes und Jakobus und die Eltern des Mädchens. Alle Leute weinten und klagten über ihren Tod. Jesus aber sagte: Weint nicht! Sie ist nicht gestorben, sie schläft nur. Da lachten sie ihn aus, weil sie wussten, dass sie tot war. Er aber fasste sie an der Hand und rief: Mädchen, steh auf! Da kehrte das Leben in sie zurück, und sie stand sofort auf. Und er sagte, man solle ihr etwas zu essen geben. Ihre Eltern aber waren außer sich. Doch Jesus verbot ihnen, irgend jemand zu erzählen, was geschehen war.

Die Aussendung der zwölf Jünger | 9, 1–6

Dann rief er die Zwölf zu sich und gab ihnen die Kraft und die Vollmacht, alle Dämonen auszutreiben und die Kranken gesund zu machen. Und er sandte sie aus mit dem Auftrag, das Reich Gottes zu verkünden und zu heilen. Er sagte zu ihnen: Nehmt nichts mit auf den Weg, keinen Wanderstab und keine Vorratstasche, kein Brot, kein Geld und kein zweites Hemd. Bleibt in dem Haus, in dem ihr einkehrt, bis ihr den Ort wieder verlasst. Wenn euch aber die Leute in einer Stadt nicht aufnehmen wollen, dann geht weg, und schüttelt den Staub von euren Füßen, zum Zeugnis gegen sie. Die Zwölf machten sich auf den Weg und wanderten von Dorf zu Dorf. Sie verkündeten das Evangelium und heilten überall die Kranken.

Herodes und Jesus | 9, 7–9

Der Tetrarch Herodes hörte von allem, was geschah, und wusste nicht, was er davon halten sollte. Denn manche sagten: Johannes ist von den Toten auferstanden. Andere meinten: Elija ist wiedererschienen. Wieder andere: Einer der alten Propheten ist auferstanden. Herodes aber sagte: Johannes habe ich selbst ent-haupten lassen. Wer ist dann dieser Mann, von dem man mir solche Dinge erzählt? Und er hatte den Wunsch, ihn einmal zu sehen.

Die Rückkehr der Jünger und die Speisung der Fünftausend | 9, 10–17

Die Apostel kamen zurück und erzählten Jesus alles, was sie getan hatten. Dann nahm er sie beiseite und zog sich in die Nähe der Stadt Betsaida zurück, um mit ihnen allein zu sein. Aber die Leute erfuhren davon und folgten ihm. Er empfing sie freundlich, redete zu ihnen vom Reich Gottes und heilte alle, die seine Hilfe

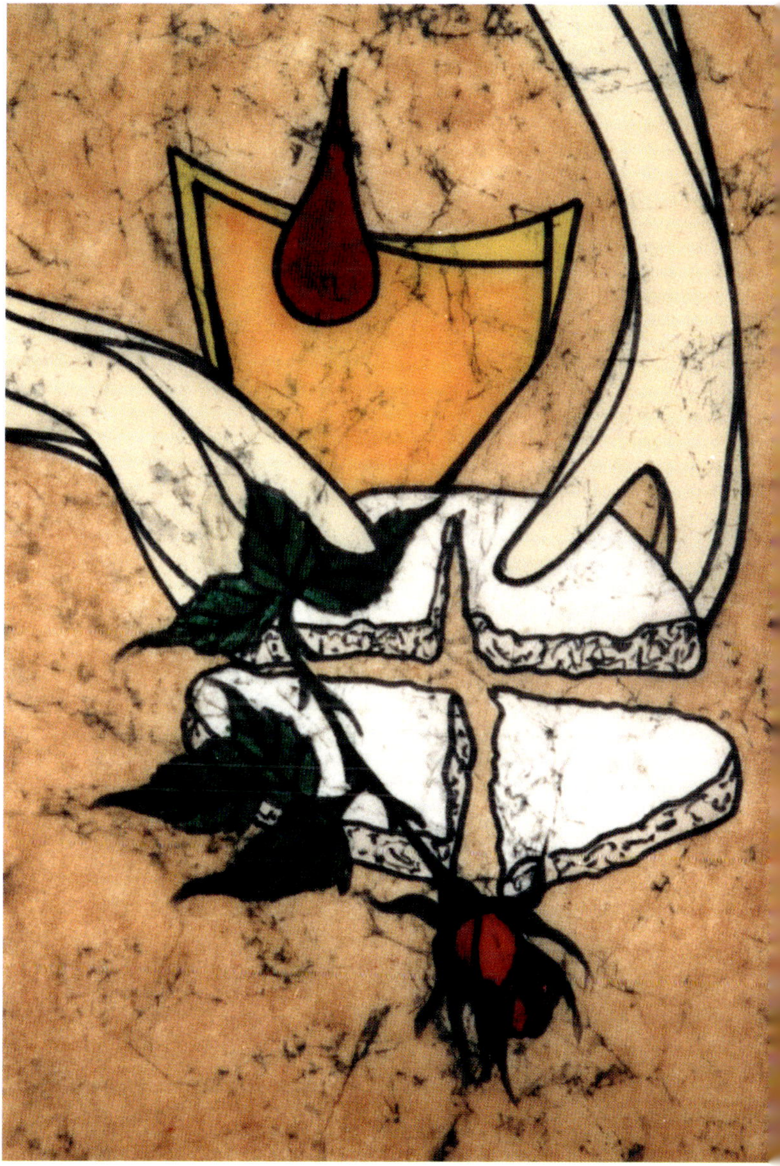

brauchten. Als der Tag zur Neige ging, kamen die Zwölf zu ihm und sagten: Schick die Menschen weg, damit sie in die umliegenden Dörfer und Gehöfte gehen, dort Unterkunft finden und etwas zu essen bekommen; denn wir sind hier an einem abgelegenen Ort. Er antwortete: Gebt ihr ihnen zu essen! Sie sagten: Wir haben nicht mehr als fünf Brote und zwei Fische; wir müssten erst weggehen und für all diese Leute Essen kaufen. Es waren etwa fünftausend Männer. Er erwiderte seinen Jüngern: Sagt ihnen, sie sollen sich in Gruppen zu ungefähr fünfzig zusammensetzen. Die Jünger taten, was er ihnen sagte, und veranlassten, dass sich alle setzten. Jesus aber nahm die fünf Brote und die zwei Fische, blickte zum Himmel auf, segnete sie und brach sie; dann gab er sie den Jüngern, damit sie diese an die Leute austeilten. Und alle aßen und wurden satt. Als man die übrig gebliebenen Brotstücke einsammelte, waren es zwölf Körbe voll.

Das Bekenntnis des Petrus und die erste Ankündigung von Leiden und Auferstehung | 9, 18–22

Jesus betete einmal in der Einsamkeit, und die Jünger waren bei ihm. Da fragte er sie: Für wen halten mich die Leute? Sie antworteten: Einige für Johannes den Täufer, andere für Elija; wieder andere sagen: Einer der alten Propheten ist auferstanden. Da sagte er zu ihnen: Ihr aber, für wen haltet ihr mich? Petrus antwortete: Für den Messias Gottes. Doch er verbot ihnen streng, es jemand weiterzusagen. Und er fügte hinzu: Der Menschensohn muss vieles erleiden und von den Ältesten, den Hohenpriestern und den Schriftgelehrten verworfen werden; er wird getötet werden, aber am dritten Tag wird er auferstehen.

Die Nachfolge | 9, 23–27

Zu allen sagte er: Wer mein Jünger sein will, der verleugne sich selbst, nehme täglich sein Kreuz auf sich und folge mir nach. Denn wer sein Leben retten will, wird es verlieren; wer aber sein Leben um meinetwillen verliert, der wird es retten.
Was nützt es einem Menschen, wenn er die ganze Welt gewinnt, dabei aber sich selbst verliert und Schaden nimmt? Denn wer sich meiner und meiner Worte schämt, dessen wird sich der Menschensohn schämen, wenn er in seiner Hoheit kommt und in der Hoheit des Vaters und der heiligen Engel. Wahrhaftig, das sage ich euch: Von denen, die hier stehen, werden einige den Tod nicht erleiden, bis sie das Reich Gottes gesehen haben.

Die Verklärung Jesu | 9, 28–36

Etwa acht Tage nach diesen Reden nahm Jesus Petrus, Johannes und Jakobus beiseite und stieg mit ihnen auf einen Berg, um zu beten. Und während er betete, veränderte sich das Aussehen seines Gesichtes, und sein Gewand wurde leuchtend weiß. Und plötzlich redeten zwei Männer mit ihm. Es waren Mose und Elija; sie erschienen in strahlendem Licht und sprachen von seinem Ende, das sich in Jerusalem erfüllen sollte. Petrus und seine Begleiter aber waren eingeschlafen, wurden jedoch wach und sahen Jesus in strahlendem Licht und die zwei Männer, die bei ihm standen. Als die beiden sich von ihm trennen wollten, sagte Petrus zu Jesus: Meister, es ist gut, dass wir hier sind. Wir wollen drei Hütten bauen, eine für dich, eine für Mose und eine für Elija. Er wusste aber nicht, was er sagte. Während er noch redete, kam eine Wolke und warf ihren Schatten auf sie. Sie gerieten in die Wolke hinein und bekamen Angst. Da rief eine Stimme aus der Wolke: Das ist mein auserwählter Sohn, auf ihn sollt ihr hören. Als aber die Stimme erklang, war Jesus wieder allein. Die Jünger schwiegen jedoch über das, was sie gesehen hatten, und erzählten in jenen Tagen niemand davon.

Die Heilung eines besessenen Jungen | 9, 37–43a

Als sie am folgenden Tag den Berg hinab stiegen, kam ihnen eine große Menschenmenge entgegen. Da schrie ein Mann aus der Menge: Meister, ich bitte dich, hilf meinem Sohn! Es ist mein einziger. Er ist von einem Geist besessen; plötzlich schreit er auf, wird hin und her gezerrt, und Schaum tritt ihm vor den Mund, und der Geist quält ihn fast unaufhörlich. Ich habe schon deine Jünger gebeten, ihn auszutreiben, aber sie konnten es nicht. Da sagte Jesus: O du ungläubige und unbelehrbare Generation! Wie lange muss ich noch bei euch sein und euch ertragen? Bring deinen Sohn her! Als der Sohn herkam, warf der Dämon ihn zu Boden und zerrte ihn hin und her. Jesus aber drohte dem unreinen Geist, heilte den Jungen und gab ihn seinem Vater zurück. Und alle gerieten außer sich über die Macht und Größe Gottes.

Die zweite Ankündigung von Leiden und Auferstehung | 9, 43b–45

Alle Leute staunten über das, was Jesus tat; er aber sagte zu seinen Jüngern: Merkt euch genau, was ich jetzt sage: Der Menschensohn wird den Menschen ausgeliefert werden. Doch die Jünger verstanden den Sinn seiner Worte nicht; er blieb ihnen verborgen, so dass sie ihn nicht begriffen. Aber sie scheuten sich, Jesus zu fragen, was er damit sagen wollte.

Der Rangstreit der Jünger | 9, 46–48

Unter den Jüngern kam die Frage auf, wer von ihnen der Größte sei. Jesus wusste, was in ihrem Herzen vorging. Deshalb nahm er ein Kind, stellte es neben sich und sagte zu ihnen: Wer dieses Kind um meinetwillen aufnimmt, der nimmt mich auf; wer aber mich aufnimmt, der nimmt den auf, der mich gesandt hat. Denn wer unter euch allen der Kleinste ist, der ist groß.

Der fremde Wundertäter | 9, 49–50

Da sagte Johannes: Meister, wir haben gesehen, wie jemand in deinem Namen Dämonen austrieb, und wir versuchten, ihn daran zu hindern, weil er nicht mit uns zusammen dir nachfolgt. Jesus antwortete ihm: Hindert ihn nicht! Denn wer nicht gegen euch ist, der ist für euch.

Auf dem Weg nach Jerusalem: 9, 51–19,27

Von der wahren Jüngerschaft: 9, 51–13,21

Die ungastlichen Samariter | 9, 51–56

Als die Zeit herankam, in der er (in den Himmel) aufgenommen werden sollte entschloss sich Jesus, nach Jerusalem zu gehen. Und er schickte Boten vor sich her. Diese kamen in ein samaritisches Dorf und wollten eine Unterkunft für ihn besorgen. Aber man nahm ihn nicht auf, weil er auf dem Weg nach Jerusalem war. Als die Jünger Jakobus und Johannes das sahen, sagten sie: Herr, sollen wir befehlen, dass Feuer vom Himmel fällt und sie vernichtet? Da wandte er sich um und wies sie zurecht. Und sie gingen zusammen in ein anderes Dorf.

Die Nachfolge | 9, 57–62

Als sie auf ihrem Weg weiter zogen, redete ein Mann Jesus an und sagte: Ich will dir folgen, wohin du auch gehst. Jesus antwortete ihm: Die Füchse haben ihre Höhlen und die Vögel ihre Nester; der Menschensohn aber hat keinen Ort, wo er sein Haupt hinlegen kann. Zu einem anderen sagte er: Folge mir nach! Der erwiderte: Lass mich zuerst heimgehen und meinen Vater begraben. Jesus sagte zu ihm: Lass die Toten ihre Toten begraben; du aber geh und verkünde das Reich Gottes! Wieder ein anderer sagte: Ich will dir nachfolgen, Herr. Zuvor aber lass mich von meiner Familie Abschied nehmen. Jesus erwiderte ihm: Keiner, der die Hand an den Pflug gelegt hat und nochmals zurückblickt, taugt für das Reich Gottes.

Die Aussendung der zweiundsiebzig Jünger | 10, 1–16

Danach suchte der Herr zweiundsiebzig andere aus und sandte sie zu zweit voraus in alle Städte und Ortschaften, in die er selbst gehen wollte. Er sagte zu ihnen: Die Ernte ist groß, aber es gibt nur wenig Arbeiter. Bittet also den Herrn der Ernte, Arbeiter für seine Ernte auszusenden. Geht! Ich sende euch wie Schafe mitten unter die Wölfe. Nehmt keinen Geldbeutel mit, keine Vorratstasche und keine Schuhe! Grüßt niemand unterwegs! Wenn ihr in ein Haus kommt, so sagt als erstes: Friede diesem Haus! Und wenn dort ein Mann des Friedens wohnt, wird der Friede, den ihr ihm wünscht, auf ihm ruhen; andernfalls wird er zu euch zurückkehren. Bleibt in diesem Haus, esst und trinkt, was man euch anbietet; denn wer arbeitet, hat ein Recht auf seinen Lohn. Zieht nicht von einem Haus in ein anderes! Wenn ihr in eine Stadt kommt und man euch aufnimmt, so esst, was man euch vorsetzt. Heilt die Kranken, die dort sind, und sagt den Leuten: Das Reich Gottes ist euch nahe. Wenn ihr aber in eine Stadt kommt, in der man euch nicht aufnimmt, dann stellt euch auf die Straße und ruft: Selbst den Staub eurer Stadt, der an unseren Füßen klebt, lassen wir euch zurück; doch das sollt ihr wissen: Das Reich Gottes ist nahe. Ich sage euch: Sodom wird es an jenem Tag nicht so schlimm ergehen wie dieser Stadt. Weh dir, Chorazin! Weh dir, Betsaida! Wenn einst in Tyrus und Sidon die Wunder geschehen wären, die bei euch geschehen sind – man hätte dort in Sack und Asche Buße getan. Tyrus und Sidon wird es beim Gericht nicht so schlimm ergehen wie euch. Und du, Kafarnaum, meinst du etwa, du wirst bis zum Himmel erhoben? Nein, in die Unterwelt wirst du hinab geworfen. Wer euch hört, der hört mich, und wer euch ablehnt, der lehnt mich ab; wer aber mich ablehnt, der lehnt den ab, der mich gesandt hat.

Der Lohn der Jünger | 10, 17–20

Die Zweiundsiebzig kehrten zurück und berichteten voll Freude: Herr, sogar die Dämonen gehorchen uns, wenn wir deinen Namen aussprechen. Da sagte er zu ihnen: Ich sah den Satan wie einen Blitz vom Himmel fallen. Seht, ich habe euch die Vollmacht gegeben, auf Schlangen und Skorpione zu treten und die ganze

Macht des Feindes zu überwinden. Nichts wird euch schaden können. Doch freut euch nicht darüber, dass euch die Geister gehorchen, sondern freut euch darüber, dass eure Namen im Himmel verzeichnet sind.

Der Dank Jesu an den Vater | 10, 21–22

In dieser Stunde rief Jesus, vom Heiligen Geist erfüllt, voll Freude aus: Ich preise dich, Vater, Herr des Himmels und der Erde, weil du all das den Weisen und Klugen verborgen, den Unmündigen aber offenbart hast. Ja, Vater, so hat es dir gefallen. Mir ist von meinem Vater alles übergeben worden; niemand weiß, wer der Sohn ist, nur der Vater, und niemand weiß, wer der Vater ist, nur der Sohn und der, dem es der Sohn offenbaren will.

Die Seligpreisung der Jünger | 10, 23–24

Jesus wandte sich an die Jünger und sagte zu ihnen allein: Selig sind die, deren Augen sehen, was ihr seht. Ich sage euch: Viele Propheten und Könige wollten sehen, was ihr seht, und haben es nicht gesehen, und wollten hören, was ihr hört, und haben es nicht gehört.

Das Beispiel vom barmherzigen Samariter | 10, 25–37

Da stand ein Gesetzeslehrer auf, und um Jesus auf die Probe zu stellen, fragte er ihn: Meister, was muss ich tun, um das ewige Leben zu gewinnen? Jesus sagte zu ihm: Was steht im Gesetz? Was liest du dort? Er antwortete: Du sollst den Herrn, deinen Gott, lieben mit ganzem Herzen und ganzer Seele, mit all deiner Kraft und all deinen Gedanken, und: Deinen Nächsten sollst du lieben wie dich selbst. Jesus sagte zu ihm: Du hast richtig geantwortet. Handle danach, und du wirst leben. Der Gesetzeslehrer wollte seine Frage rechtfertigen und sagte zu Jesus: Und wer ist mein Nächster? Darauf antwortete ihm Jesus: Ein Mann ging von Jerusalem nach Jericho hinab und wurde von Räubern überfallen. Sie plünderten ihn aus und schlugen ihn nieder; dann gingen sie weg und ließen ihn halbtot liegen. Zufällig kam ein Priester denselben Weg herab; er sah ihn und ging weiter. Auch ein Levit kam zu der Stelle; er sah ihn und ging weiter. Dann kam ein Mann aus Samarien, der auf der Reise war. Als er ihn sah, hatte er Mitleid, ging zu ihm hin, goss Öl und Wein auf seine Wunden und verband sie. Dann hob er ihn auf sein Reittier, brachte ihn zu einer Herberge und sorgte für ihn. Am andern Morgen holte er zwei Denare hervor, gab sie dem Wirt und sagte: Sorge für ihn, und wenn du mehr für ihn brauchst, werde ich es dir bezahlen, wenn ich wiederkomme. Was meinst du: Wer von diesen dreien hat sich als der Nächste dessen erwiesen, der von den Räubern überfallen wurde? Der Gesetzeslehrer antwortete: Der, der barmherzig an ihm gehandelt hat. Da sagte Jesus zu ihm: Dann geh und handle genauso!

Maria und Marta | 10, 38–42

Sie zogen zusammen weiter, und er kam in ein Dorf. Eine Frau namens Marta nahm ihn freundlich auf. Sie hatte eine Schwester, die Maria hieß. Maria setzte sich dem Herrn zu Füßen und hörte seinen Worten zu. Marta aber war ganz davon in Anspruch genommen, für ihn zu sorgen. Sie kam zu ihm und sagte: Herr, kümmert es dich nicht, dass meine Schwester die ganze Arbeit mir allein überlässt? Sag ihr doch, sie soll mir helfen! Der Herr antwortete: Marta, Marta, du machst dir viele Sorgen und Mühen. Aber nur eines ist notwendig. Maria hat das Bessere gewählt, das soll ihr nicht genommen werden.

Das Gebet des Herrn | 11, 1–4

Jesus betete einmal an einem Ort; und als er das Gebet beendet hatte, sagte einer seiner Jünger zu ihm: Herr, lehre uns beten, wie schon Johannes seine Jünger beten gelehrt hat. Da sagte er zu ihnen: Wenn ihr betet, so sprecht: Vater, dein Name werde geheiligt. Dein Reich komme. Gib uns täglich das Brot, das wir brauchen. Und erlass uns unsere Sünden; denn auch wir erlassen jedem, was er uns schuldig ist. Und führe uns nicht in Versuchung.

Das Gleichnis vom bittenden Freund | 11, 5–8

Dann sagte er zu ihnen: Wenn einer von euch einen Freund hat und um Mitternacht zu ihm geht und sagt: Freund, leih mir drei Brote; denn einer meiner Freunde, der auf Reisen ist, ist zu mir gekommen, und ich habe ihm nichts anzubieten!, wird dann etwa der Mann drinnen antworten: Lass mich in Ruhe, die Tür ist schon verschlossen, und meine Kinder schlafen bei mir; ich kann nicht aufstehen und dir etwas geben? Ich sage euch: Wenn er schon nicht deswegen aufsteht und ihm seine Bitte erfüllt, weil er sein Freund ist, so wird er doch wegen seiner Zudringlichkeit aufstehen und ihm geben, was er braucht.

Vom Vertrauen beim Beten | 11, 9–13

Darum sage ich euch: Bittet, dann wird euch gegeben; sucht, dann werdet ihr finden; klopft an, dann wird euch geöffnet. Denn wer bittet, der empfängt; wer sucht, der findet; und wer anklopft, dem wird geöffnet. Oder ist unter euch ein Vater, der seinem Sohn eine Schlange gibt, wenn er um einen Fisch bittet, oder einen Skorpion, wenn er um ein Ei bittet? Wenn nun schon ihr, die ihr böse seid, euren Kindern gebt, was gut ist, wie viel mehr wird der Vater im Himmel den Heiligen Geist denen geben, die ihn bitten.

Verteidigungsrede Jesu | 11, 14–23

Jesus trieb einen Dämon aus, der stumm war. Als der Dämon den Stummen verlassen hatte, konnte der Mann reden. Alle Leute staunten. Einige von ihnen aber sagten: Mit Hilfe von Beelzebul, dem Anführer der Dämonen, treibt er die Dämonen aus. Andere wollten ihn auf die Probe stellen und forderten von ihm ein Zeichen vom Himmel. Doch er wusste, was sie dachten, und sagte zu ihnen: Jedes Reich, das in sich gespalten ist, wird veröden, und ein Haus ums andere stürzt ein. Wenn also der Satan mit sich selbst im Streit liegt, wie kann sein Reich dann Bestand haben? Ihr sagt doch, dass ich die Dämonen mit Hilfe von Beelzebul austreibe. Wenn ich die Dämonen durch Beelzebul austreibe, durch wen treiben dann eure Anhänger sie aus? Sie selbst also sprechen euch das Urteil. Wenn ich aber die Dämonen durch den Finger Gottes austreibe, dann ist doch das Reich Gottes schon zu euch gekommen. Solange ein bewaffneter starker Mann seinen Hof bewacht, ist sein Besitz sicher; wenn ihn aber ein Stärkerer angreift und besiegt, dann nimmt ihm der Stärkere all seine Waffen weg, auf die er sich verlassen hat, und verteilt die Beute. Wer nicht für mich ist, der ist gegen mich; wer nicht mit mir sammelt, der zerstreut.

Die Rückkehr der unreinen Geister | 11, 24–26

Ein unreiner Geist, der einen Menschen verlassen hat, wandert durch die Wüste und sucht einen Ort, wo er bleiben kann. Wenn er keinen findet, sagt er: Ich will in mein Haus zurückkehren, das ich verlassen habe. Und wenn er es bei seiner Rückkehr sauber und geschmückt antrifft, dann geht er und holt sieben andere Geister, die noch schlimmer sind als er selbst. Sie ziehen dort ein und lassen sich nieder. So wird es mit diesem Menschen am Ende schlimmer werden als vorher.

Zweierlei Seligpreisungen | 11, 27–28

Als er das sagte, rief eine Frau aus der Menge ihm zu: Selig die Frau, deren Leib dich getragen und deren Brust dich genährt hat. Er aber erwiderte: Selig sind vielmehr die, die das Wort Gottes hören und es befolgen.

Die Verweigerung eines Zeichens | 11, 29–32

Als immer mehr Menschen zu ihm kamen, sagte er: Diese Generation ist böse. Sie fordert ein Zeichen; aber es wird ihr kein anderes gegeben werden als das Zeichen des Jona. Denn wie Jona für die Einwohner von Ninive ein Zeichen war, so wird es auch der Menschensohn für diese Generation sein. Die Königin des Südens wird beim Gericht gegen die Männer dieser Generation auftreten und sie verurteilen; denn sie kam vom Ende der Erde, um die Weisheit Salomos zu hören. Hier aber ist einer, der mehr ist als Salomo. Die Männer von Ninive werden beim Gericht gegen diese Generation auftreten und sie verurteilen; denn sie haben sich nach der Predigt des Jona bekehrt. Hier aber ist einer, der mehr ist als Jona.

Vom Licht und vom Auge | 11, 33–36

Niemand zündet ein Licht an und stellt es in einen versteckten Winkel oder stülpt ein Gefäß darüber, sondern man stellt es auf einen Leuchter, damit alle, die eintreten, es leuchten sehen. Dein Auge gibt dem Körper Licht. Wenn dein Auge gesund ist, dann wird auch dein ganzer Körper hell sein. Wenn es aber krank ist, dann wird dein Körper finster sein. Achte also darauf, dass in dir nicht Finsternis statt Licht ist. Wenn dein ganzer Körper von Licht erfüllt und nichts Finsteres in ihm ist, dann wird er so hell sein, wie wenn die Lampe dich mit ihrem Schein beleuchtet.

Worte gegen die Pharisäer und die Schriftgelehrten | 11, 37–54

Nach dieser Rede lud ein Pharisäer Jesus zum Essen ein. Jesus ging zu ihm und setzte sich zu Tisch. Als der Pharisäer sah, dass er sich vor dem Essen nicht die Hände wusch, war er verwundert. Da sagte der Herr zu ihm: O ihr Pharisäer! Ihr haltet zwar Becher und Teller außen sauber, innen aber seid ihr voll Raubgier und Bosheit. Ihr Unverständigen! Hat nicht der, der das Äußere schuf, auch das Innere geschaffen? Gebt lieber, was in den Schüsseln ist, den Armen, dann ist für euch alles rein. Doch weh euch Pharisäern! Ihr gebt den Zehnten von Minze, Gewürzkraut und allem Gemüse, die Gerechtigkeit aber und die Liebe zu Gott vergesst ihr. Man muss das eine tun, ohne das andere zu unterlassen. Weh euch Pharisäern! Ihr wollt in den Synagogen den vordersten Sitz haben und auf den Straßen und Plätzen von allen gegrüßt werden. Weh euch: Ihr seid wie Gräber, die man nicht mehr sieht; die Leute gehen darüber, ohne es zu merken. Darauf erwiderte ihm ein Gesetzeslehrer: Meister, damit beleidigst du auch uns. Er antwortete: Weh auch euch Gesetzeslehrern! Ihr ladet den Menschen Lasten auf, die sie kaum tragen können, selbst aber rührt ihr keinen Finger dafür. Weh euch! Ihr errichtet Denkmäler für die Propheten, die von euren Vätern umgebracht wurden. Damit bestätigt und billigt ihr, was eure Väter getan haben. Sie haben die Propheten umgebracht, ihr errichtet ihnen Bauten. Deshalb hat auch die Weisheit Gottes gesagt: Ich werde Propheten und Apostel zu ihnen senden, und sie werden einige von ihnen töten und andere verfolgen, damit das Blut aller Propheten, das seit der Erschaffung der Welt vergossen worden ist, an dieser Generation gerächt wird, vom Blut Abels bis zum Blut des Zacharias, der im Vorhof zwischen Altar und Tempel umgebracht wurde. Ja, das sage ich euch: An dieser Generation wird es gerächt werden. Weh euch Gesetzeslehrern! Ihr habt den Schlüssel (der Tür) zur Erkenntnis weggenommen. Ihr selbst seid nicht hineingegangen, und die, die hineingehen wollten, habt ihr daran gehindert. Als Jesus das Haus verlassen hatte, begannen die Schriftgelehrten und die Pharisäer, ihn mit vielerlei Fragen hartnäckig zu bedrängen; sie versuchten, ihm eine Falle zu stellen, damit er sich in seinen eigenen Worten verfange.

Warnung vor der Heuchelei der Pharisäer | 12, 1–3

Unterdessen strömten Tausende von Menschen zusammen, so dass es ein gefährliches Gedränge gab. Jesus wandte sich zuerst an seine Jünger und sagte: Hütet euch vor dem Sauerteig der Pharisäer, das heißt vor der Heuchelei. Nichts ist verhüllt, was nicht enthüllt wird, und nichts ist verborgen, was nicht bekannt wird. Deshalb wird man alles, was ihr im Dunkeln redet, am hellen Tag hören, und was ihr einander hinter verschlossenen Türen ins Ohr flüstert, das wird man auf den Dächern verkünden.

Aufforderung zum Bekenntnis | 12, 4–12

Euch aber, meinen Freunden, sage ich: Fürchtet euch nicht vor denen, die den Leib töten, euch aber sonst nichts tun können. Ich will euch zeigen, wen ihr fürchten sollt: Fürchtet euch vor dem, der nicht nur töten kann, sondern die Macht hat, euch auch noch in die Hölle zu werfen. Ja, das sage ich euch: Ihn sollt ihr fürchten. Verkauft man nicht fünf Spatzen für ein paar Pfennig? Und doch vergisst Gott nicht einen von ihnen. Bei euch aber sind sogar die Haare auf dem Kopf alle gezählt. Fürchtet euch nicht! Ihr seid mehr wert als viele Spatzen. Ich sage euch: Wer sich vor den Menschen zu mir bekennt, zu dem wird sich auch der Menschensohn vor den Engeln Gottes bekennen. Wer mich aber vor den Menschen verleugnet, der wird auch vor den Engeln Gottes verleugnet werden. Jedem, der etwas gegen den Menschensohn sagt, wird vergeben werden; wer aber den Heiligen Geist lästert, dem wird nicht vergeben. Wenn man euch vor die Gerichte der Synagogen und vor die Herrscher und Machthaber schleppt, dann macht euch keine Sorgen, wie ihr euch verteidigen oder was ihr sagen sollt. Denn der Heilige Geist wird euch in der gleichen Stunde eingeben, was ihr sagen müsst.

Das Beispiel der falschen Selbstsicherheit | 12, 13–21

Einer aus der Volksmenge bat Jesus: Meister, sag meinem Bruder, er soll das Erbe mit mir teilen. Er erwiderte ihm: Mensch, wer hat mich zum Richter oder Schlichter bei euch gemacht? Dann sagte er zu den Leuten: Gebt Acht, hütet euch vor jeder Art von Habgier. Denn der Sinn des Lebens besteht nicht darin, dass ein Mensch aufgrund seines großen Vermögens im Überfluss lebt. Und er erzählte ihnen folgendes Beispiel: Auf den Feldern eines reichen Mannes stand eine gute Ernte. Da überlegte er hin und her: Was soll ich tun? Ich weiß nicht, wo ich meine Ernte unterbringen soll. Schließlich sagte er: So will ich es machen: Ich werde meine Scheunen abreißen und größere bauen; dort werde ich mein ganzes Getreide und meine Vorräte unterbringen. Dann kann ich zu mir selber sagen: Nun hast du einen großen Vorrat, der für viele Jahre reicht. Ruh dich aus, iss und trink, und freu dich des Lebens! Da sprach Gott zu ihm: Du Narr! Noch in dieser Nacht wird man dein Leben von dir zurückfordern. Wem wird dann all das gehören, was du angehäuft hast? So geht es jedem, der nur für sich selbst Schätze sammelt, aber vor Gott nicht reich ist.

Die falsche und die rechte Sorge | 12, 22–32

Und er sagte zu seinen Jüngern: Deswegen sage ich euch: Sorgt euch nicht um euer Leben und darum, dass ihr etwas zu essen habt, noch um euren Leib und darum, dass ihr etwas anzuziehen habt. Das Leben ist wichtiger als die Nahrung und der Leib wichtiger als die Kleidung. Seht auf die Raben: Sie säen nicht und ernten nicht, sie haben keinen Speicher und keine Scheune; denn Gott ernährt sie. Wie viel mehr seid ihr wert als die Vögel! Wer von euch kann mit all seiner Sorge sein Leben auch nur um eine kleine Zeitspanne verlängern? Wenn ihr nicht einmal etwas so Geringes könnt, warum macht ihr euch dann Sorgen um all das übrige? Seht euch die Lilien an: Sie arbeiten nicht und spinnen nicht. Doch ich sage euch: Selbst Salomo war in all seiner Pracht nicht gekleidet wie eine von ihnen. Wenn aber Gott schon das Gras so prächtig kleidet, das heute auf dem Feld steht und morgen ins Feuer geworfen wird, wie viel mehr dann euch, ihr Kleingläubigen! Darum fragt nicht, was ihr essen und was ihr trinken sollt, und ängstigt euch nicht! Denn um all das geht es den Heiden in der Welt. Euer Vater weiß, dass ihr das braucht. Euch jedoch muss es um sein Reich gehen; dann wird euch das andere dazu gegeben. Fürchte dich nicht, du kleine Herde! Denn euer Vater hat beschlossen, euch das Reich zu geben.

Der wahre Schatz | 12, 33–34

Verkauft eure Habe, und gebt den Erlös den Armen! Macht euch Geldbeutel, die nicht zerreißen. Verschafft euch einen Schatz, der nicht abnimmt, droben im Himmel, wo kein Dieb ihn findet und keine Motte ihn frisst. Denn wo euer Schatz ist, da ist auch euer Herz.

Das Gleichnis vom treuen und vom schlechten Knecht | 12,35–48

Legt euren Gürtel nicht ab, und lasst eure Lampen brennen! Seid wie Menschen, die auf die Rückkehr ihres Herrn warten, der auf einer Hochzeit ist, und die ihm öffnen, sobald er kommt und anklopft. Selig die Knechte, die der Herr wach findet, wenn er kommt! Amen, ich sage euch: Er wird sich gürten, sie am Tisch Platz nehmen lassen und sie der Reihe nach bedienen. Und kommt er erst in der zweiten oder dritten Nachtwache und findet sie wach – selig sind sie. Bedenkt: Wenn der Herr des Hauses wüsste, in welcher Stunde der Dieb kommt, so würde er verhindern, dass man in sein Haus einbricht. Haltet auch ihr euch bereit! Denn der Menschensohn kommt zu einer Stunde, in der ihr es nicht erwartet. Da sagte Petrus: Herr, meinst du mit diesem Gleichnis nur uns oder auch all die anderen? Der Herr antwortete: Wer ist denn der treue und kluge Verwalter, den der Herr einsetzen wird, damit er seinem Gesinde zur rechten Zeit die Nahrung zuteilt? Selig der Knecht, den der Herr damit beschäftigt findet, wenn er kommt! Wahrhaftig, das sage ich euch: Er wird ihn zum Verwalter seines ganzen Vermögens machen. Wenn aber der Knecht denkt: Mein Herr kommt noch lange nicht zurück!, und anfängt, die Knechte und Mägde zu schlagen; wenn er isst und trinkt und sich berauscht, dann wird der Herr an einem Tag kommen, an dem der Knecht es nicht erwartet, und zu einer Stunde, die er nicht kennt; und der Herr wird ihn in Stücke hauen und ihm seinen Platz unter den Ungläubigen zuweisen. Der Knecht, der den Willen seines Herrn kennt, sich aber nicht darum kümmert und nicht danach handelt, der wird viele Schläge bekommen. Wer aber, ohne den Willen des Herrn zu kennen, etwas tut, was Schläge verdient, der wird wenig Schläge bekommen. Wem viel gegeben wurde, von dem wird viel zurückgefordert werden, und wem man viel anvertraut hat, von dem wird man um so mehr verlangen.

Von Frieden und Zwietracht | 12, 49–53

Ich bin gekommen, um Feuer auf die Erde zu werfen. Wie froh wäre ich, es würde schon brennen! Ich muss mit einer Taufe getauft werden, und ich bin sehr bedrückt, solange sie noch nicht vollzogen ist. Meint ihr, ich sei gekommen, um Frieden auf die Erde zu bringen? Nein, sage ich euch, nicht Frieden, sondern Spaltung. Denn von nun an wird es so sein: Wenn fünf Menschen im gleichen Haus leben, wird Zwietracht herrschen: Drei werden gegen zwei stehen und zwei gegen drei, der Vater gegen den Sohn und der Sohn gegen den Vater, die Mutter gegen die Tochter und die Tochter gegen die Mutter, die Schwiegermutter gegen ihre Schwiegertochter und die Schwiegertochter gegen die Schwiegermutter.

Die Zeichen der Zeit | 12, 54–57

Außerdem sagte Jesus zu den Leuten: Sobald ihr im Westen Wolken aufsteigen seht, sagt ihr: Es gibt Regen. Und es kommt so. Und wenn der Südwind weht, dann sagt ihr: Es wird heiß. Und es trifft ein. Ihr Heuchler! Das Aussehen der Erde und des Himmels könnt ihr deuten. Warum könnt ihr dann die Zeichen dieser Zeit nicht deuten? Warum findet ihr nicht schon von selbst das rechte Urteil?

Die Versöhnung | 12, 58–59

Wenn du mit deinem Gegner vor Gericht gehst, bemüh dich noch auf dem Weg, dich mit ihm zu einigen. Sonst wird er dich vor den Richter schleppen, und der Richter wird dich dem Gerichtsdiener übergeben, und der Gerichtsdiener wird dich ins Gefängnis werfen. Ich sage dir: Du kommst von dort nicht heraus, bis du auch den letzten Pfennig bezahlt hast.

Mahnung zur Umkehr | 13, 1–9

Zu dieser Zeit kamen einige Leute zu Jesus und berichteten ihm von den Galiläern, die Pilatus beim Opfern umbringen ließ, so dass sich ihr Blut mit dem ihrer Opfertiere vermischte. Da sagte er zu ihnen: Meint ihr, dass nur diese Galiläer Sünder waren, weil das mit ihnen geschehen ist, alle anderen Galiläer aber nicht?
Nein, im Gegenteil: Ihr alle werdet genauso umkommen, wenn ihr euch nicht bekehrt. Oder jene achtzehn Menschen, die beim Einsturz des Turms von Schiloach erschlagen wurden – meint ihr, dass nur sie Schuld auf sich geladen hatten, alle anderen Einwohner von Jerusalem aber nicht? Nein, im Gegenteil: Ihr alle werdet genauso umkommen, wenn ihr euch nicht bekehrt.
Und er erzählte ihnen dieses Gleichnis: Ein Mann hatte in seinem Weinberg einen Feigenbaum; und als er kam und nachsah, ob er Früchte trug, fand er keine. Da sagte er zu seinem Weingärtner: Jetzt komme ich schon drei Jahre und sehe nach, ob dieser Feigenbaum Früchte trägt, und finde nichts. Hau ihn um! Was soll er weiter dem Boden seine Kraft nehmen? Der Weingärtner erwiderte: Herr, lass ihn dieses Jahr noch stehen; ich will den Boden um ihn herum aufgraben und düngen. Vielleicht trägt er doch noch Früchte; wenn nicht, dann lass ihn umhauen.

Die Heilung einer Frau am Sabbat | 13, 10–17

Am Sabbat lehrte Jesus in einer Synagoge. Dort saß eine Frau, die seit achtzehn Jahren krank war, weil sie von einem Dämon geplagt wurde; ihr Rücken war verkrümmt, und sie konnte nicht mehr aufrecht gehen. Als Jesus sie sah, rief er sie zu sich und sagte: Frau, du bist von deinem Leiden erlöst. Und er legte ihr die Hände auf. Im gleichen Augenblick richtete sie sich auf und pries Gott. Der Synagogenvorsteher aber war empört darüber, dass Jesus am Sabbat heilte, und sagte zu den Leuten: Sechs Tage sind zum Arbeiten da. Kommt also an diesen Tagen und lasst euch heilen, nicht am Sabbat! Der Herr erwiderte ihm: Ihr Heuchler! Bindet nicht jeder von euch am Sabbat seinen Ochsen oder Esel von der Krippe los und führt ihn zur Tränke? Diese Tochter Abrahams aber, die der Satan schon seit achtzehn Jahren gefesselt hielt, sollte am Sabbat nicht davon befreit werden dürfen? Durch diese Worte wurden alle seine Gegner beschämt; das ganze Volk aber freute sich über all die großen Taten, die er vollbrachte.

Das Gleichnis vom Senfkorn | 13, 18–19

Er sagte: Wem ist das Reich Gottes ähnlich, womit soll ich es vergleichen? Es ist wie ein Senfkorn, das ein Mann in seinem Garten in die Erde steckte; es wuchs und wurde zu einem Baum, und die Vögel des Himmels nisteten in seinen Zweigen.

Das Gleichnis vom Sauerteig | 13, 20–21

Außerdem sagte er: Womit soll ich das Reich Gottes vergleichen? Es ist wie der Sauerteig, den eine Frau unter einen großen Trog Mehl mischte, bis das Ganze durchsäuert war.

Die neue Ordnung im Reich Gottes: 13, 22–19, 27

Die enge und die verschlossene Tür | 13, 22–30

Auf seinem Weg nach Jerusalem zog er von Stadt zu Stadt und von Dorf zu Dorf und lehrte. Da fragte ihn einer: Herr, sind es nur wenige, die gerettet werden? Er sagte zu ihnen: Bemüht euch mit allen Kräften, durch die enge Tür zu gelangen; denn viele, sage ich euch, werden versuchen hineinzukommen, aber es wird ihnen nicht gelingen. Wenn der Herr des Hauses aufsteht und die Tür verschließt, dann steht ihr draußen, klopft an die Tür und ruft: Herr, mach uns auf! Er aber wird euch antworten: Ich weiß nicht, woher ihr seid. Dann werdet ihr sagen: Wir haben doch mit dir gegessen und getrunken, und du hast auf unseren Straßen gelehrt. Er aber wird erwidern: Ich sage euch, ich weiß nicht, woher ihr seid. Weg von mir, ihr habt alle Unrecht getan! Da werdet ihr heulen und mit den Zähnen knirschen, wenn ihr seht, dass Abraham, Isaak und Jakob und alle Propheten im Reich Gottes sind, ihr selbst aber ausgeschlossen seid. Und man wird von Osten und Westen und von Norden und Süden kommen und im Reich Gottes zu Tisch sitzen. Dann werden manche von den Letzten die Ersten sein und manche von den Ersten die Letzten.

Der Abschied von Galiläa | 13, 31–35

Zu dieser Zeit kamen einige Pharisäer zu ihm und sagten: Geh weg, verlass dieses Gebiet, denn Herodes will dich töten. Er antwortete ihnen: Geht und sagt diesem Fuchs: Ich treibe Dämonen aus und heile Kranke, heute und morgen, und am dritten Tag werde ich mein Werk vollenden. Doch heute und morgen und am folgenden Tag muss ich weiterwandern; denn ein Prophet darf nirgendwo anders als in Jerusalem umkommen. Jerusalem, Jerusalem, du tötest die Propheten und steinigst die Boten, die zu dir gesandt sind. Wie oft wollte ich deine Kinder um mich sammeln, so wie eine Henne ihre Küken unter ihre Flügel nimmt; aber ihr habt nicht gewollt. Darum wird euer Haus (von Gott) verlassen. Ich sage euch: Ihr werdet mich nicht mehr sehen, bis die Zeit kommt, in der ihr ruft: Gesegnet sei er, der kommt im Namen des Herrn!

Die Heilung eines Wassersüchtigen am Sabbat | 14, 1–6

Als Jesus an einem Sabbat in das Haus eines führenden Pharisäers zum Essen kam, beobachtete man ihn genau. Da stand auf einmal ein Mann vor ihm, der an Wassersucht litt. Jesus wandte sich an die Gesetzeslehrer und die Pharisäer und fragte: Ist es am Sabbat erlaubt zu heilen, oder nicht? Sie schwiegen. Da berührte er den Mann, heilte ihn und ließ ihn gehen. Zu ihnen aber sagte er: Wer von euch wird seinen Sohn oder seinen Ochsen, der in den Brunnen fällt, nicht sofort herausziehen, auch am Sabbat? Darauf konnten sie ihm nichts erwidern.

Mahnung zur Bescheidenheit | 14, 7–11

Als er bemerkte, wie sich die Gäste die Ehrenplätze aussuchten, nahm er das zum Anlass, ihnen eine Lehre zu erteilen. Er sagte zu ihnen: Wenn du zu einer Hochzeit eingeladen bist, such dir nicht den Ehrenplatz aus. Denn es könnte ein anderer eingeladen sein, der vornehmer ist als du, und dann würde der Gastgeber, der dich und ihn eingeladen hat, kommen und zu dir sa-

gen: Mach diesem hier Platz! Du aber wärst beschämt und müsstest den untersten Platz einnehmen.
Wenn du also eingeladen bist, setz dich lieber, wenn du hin kommst, auf den untersten Platz; dann wird der Gastgeber zu dir kommen und sagen: Mein Freund, rück weiter hinauf! Das wird für dich eine Ehre sein vor allen anderen Gästen. Denn wer sich selbst erhöht, wird erniedrigt, und wer sich selbst erniedrigt, wird erhöht werden.

Rechte Gäste | 14, 12–14

Dann sagte er zu dem Gastgeber: Wenn du mittags oder abends ein Essen gibst, so lade nicht deine Freunde oder deine Brüder, deine Verwandten oder reiche Nachbarn ein; sonst laden auch sie dich ein, und damit ist dir wieder alles vergolten. Nein, wenn du ein Essen gibst, dann lade Arme, Krüppel, Lahme und Blinde ein. Du wirst selig sein, denn sie können es dir nicht vergelten; es wird dir vergolten werden bei der Auferstehung der Gerechten.

Das Gleichnis vom Festmahl | 14, 15–24

Als einer der Gäste das hörte, sagte er zu Jesus: Selig, wer im Reich Gottes am Mahl teilnehmen darf. Jesus sagte zu ihm: Ein Mann veranstaltete ein großes Festmahl und lud viele dazu ein. Als das Fest beginnen sollte, schickte er seinen Diener und ließ den Gästen, die er eingeladen hatte, sagen: Kommt, es steht alles bereit! Aber einer nach dem andern ließ sich entschuldigen. Der erste ließ ihm sagen: Ich habe einen Acker gekauft und muss jetzt gehen und ihn besichtigen. Bitte, entschuldige mich! Ein

anderer sagte: Ich habe fünf Ochsengespanne gekauft und bin auf dem Weg, sie mir genauer anzusehen. Bitte, entschuldige mich! Wieder ein anderer sagte: Ich habe geheiratet und kann deshalb nicht kommen.
Der Diener kehrte zurück und berichtete alles seinem Herrn. Da wurde der Herr zornig und sagte zu seinem Diener: Geh schnell auf die Straßen und Gassen der Stadt und hol die Armen und die Krüppel, die Blinden und die Lahmen herbei. Bald darauf meldete der Diener: Herr, dein Auftrag ist ausgeführt; aber es ist immer noch Platz. Da sagte der Herr zu dem Diener: Dann geh auf die Landstraßen und vor die Stadt hinaus und nötige die Leute zu kommen, damit mein Haus voll wird. Das aber sage ich euch: Keiner von denen, die eingeladen waren, wird an meinem Mahl teilnehmen.

Der Ernst der Nachfolge | 14, 25–35

Viele Menschen begleiteten ihn; da wandte er sich an sie und sagte: Wenn jemand zu mir kommt und nicht Vater und Mutter, Frau und Kinder, Brüder und Schwestern, ja sogar sein Leben gering achtet, dann kann er nicht mein Jünger sein. Wer nicht sein Kreuz trägt und mir nachfolgt, der kann nicht mein Jünger sein. Wenn einer von euch einen Turm bauen will, setzt er sich dann nicht zuerst hin und rechnet, ob seine Mittel für das ganze Vorhaben ausreichen? Sonst könnte es geschehen, dass er das Fundament gelegt hat, dann aber den Bau nicht fertig stellen kann. Und alle, die es sehen, würden ihn verspotten und sagen: Der da hat einen Bau begonnen und konnte ihn nicht zu Ende führen. Oder wenn ein König gegen einen anderen in den Krieg zieht, setzt er sich dann nicht zuerst hin und überlegt, ob er sich mit seinen zehntausend Mann dem entgegenstellen kann, der mit zwanzigtausend gegen ihn anrückt? Kann er es nicht, dann schickt er eine Gesandtschaft, solange der andere noch weit weg ist, und bittet um Frieden. Darum kann keiner von euch mein Jünger sein, wenn er nicht auf seinen ganzen Besitz verzichtet. Das Salz ist etwas Gutes. Wenn aber das Salz seinen Geschmack verliert, womit kann man ihm die Würze wiedergeben? Es taugt weder für den Acker noch für den Misthaufen, man wirft es weg. Wer Ohren hat zum Hören, der höre!

Das verlorene Schaf und die verlorenen Drachme | 15, 1–10

Alle Zöllner und Sünder kamen zu ihm, um ihn zu hören. Die Pharisäer und die Schriftgelehrten empörten sich darüber und sagten: Er gibt sich mit Sündern ab und isst sogar mit ihnen.
Da erzählte er ihnen ein Gleichnis und sagte: Wenn einer von euch hundert Schafe hat und eins davon verliert, lässt er dann nicht die neunundneunzig in der Steppe zurück und geht dem verlorenen nach, bis er es findet? Und wenn er es gefunden hat, nimmt er es voll Freude auf die Schultern, und wenn er nach Hause kommt, ruft er seine Freunde und Nachbarn zusammen und sagt zu ihnen: Freut euch mit mir; ich habe mein Schaf wieder gefunden, das verloren war. Ich sage euch: Ebenso wird auch im Himmel mehr Freude herrschen über einen einzigen Sünder, der umkehrt, als über neunundneunzig Gerechte, die es nicht nötig haben umzukehren.
Oder wenn eine Frau zehn Drachmen hat und eine davon verliert, zündet sie dann nicht eine Lampe an, fegt das ganze Haus und sucht unermüdlich, bis sie das Geldstück findet? Und wenn sie es gefunden hat, ruft sie ihre Freundinnen und Nachbarinnen

zusammen und sagt: Freut euch mit mir; ich habe die Drachme wieder gefunden, die ich verloren hatte. Ich sage euch: Ebenso herrscht auch bei den Engeln Gottes Freude über einen einzigen Sünder, der umkehrt.

Der barmherzige Vater | 15, 11–32

Weiter sagte Jesus: Ein Mann hatte zwei Söhne. Der jüngere von ihnen sagte zu seinem Vater: Vater, gib mir das Erbteil, das mir zusteht. Da teilte der Vater das Vermögen auf. Nach wenigen Tagen packte der jüngere Sohn alles zusammen und zog in ein fernes Land. Dort führte er ein zügelloses Leben und verschleuderte sein Vermögen. Als er alles durchgebracht hatte, kam eine große Hungersnot über das Land, und es ging ihm sehr schlecht. Da ging er zu einem Bürger des Landes und drängte sich ihm auf; der schickte ihn aufs Feld zum Schweinehüten. Er hätte gern seinen Hunger mit den Futterschoten gestillt, die die Schweine fraßen; aber niemand gab ihm davon. Da ging er in sich und sagte: Wie viele Tagelöhner meines Vaters haben mehr als genug zu essen, und ich komme hier vor Hunger um. Ich will aufbrechen und zu meinem Vater gehen und zu ihm sagen: Vater, ich habe mich gegen den Himmel und gegen dich versündigt. Ich bin nicht mehr wert, dein Sohn zu sein; mach mich zu einem deiner Tagelöhner. Dann brach er auf und ging zu seinem Vater. Der Vater sah ihn schon von weitem kommen, und er hatte Mitleid mit ihm. Er lief dem Sohn entgegen, fiel ihm um den Hals und küsste ihn. Da sagte der Sohn: Vater, ich habe mich gegen den Himmel und gegen dich versündigt; ich bin nicht mehr wert, dein Sohn zu sein. Der Vater aber sagte zu seinen Knechten: Holt schnell das beste Gewand, und zieht es ihm an, steckt ihm einen Ring an die Hand,

und zieht ihm Schuhe an. Bringt das Mastkalb her, und schlachtet es; wir wollen essen und fröhlich sein. Denn mein Sohn war tot und lebt wieder; er war verloren und ist wieder gefunden worden. Und sie begannen, ein fröhliches Fest zu feiern.
Sein älterer Sohn war unterdessen auf dem Feld. Als er heimging und in die Nähe des Hauses kam, hörte er Musik und Tanz. Da rief er einen der Knechte und fragte, was das bedeuten solle. Der Knecht antwortete: Dein Bruder ist gekommen, und dein Vater hat das Mastkalb schlachten lassen, weil er ihn heil und gesund wiederbekommen hat. Da wurde er zornig und wollte nicht hineingehen. Sein Vater aber kam heraus und redete ihm gut zu. Doch er erwiderte dem Vater: So viele Jahre schon diene ich dir, und nie habe ich gegen deinen Willen gehandelt; mir aber hast du nie auch nur einen Ziegenbock geschenkt, damit ich mit meinen Freunden ein Fest feiern konnte. Kaum aber ist der hier gekommen, dein Sohn, der dein Vermögen mit Dirnen durchgebracht hat, da hast du für ihn das Mastkalb geschlachtet. Der Vater antwortete ihm: Mein Kind, du bist immer bei mir, und alles, was mein ist, ist auch dein. Aber jetzt müssen wir uns doch freuen und ein Fest feiern; denn dein Bruder war tot und lebt wieder; er war verloren und ist wiedergefunden worden.

Das Gleichnis vom klugen Verwalter | 16, 1–8

Jesus sagte zu den Jüngern: Ein reicher Mann hatte einen Verwalter. Diesen beschuldigte man bei ihm, er verschleudere sein Vermögen. Darauf ließ er ihn rufen und sagte zu ihm: Was höre ich über dich? Leg Rechenschaft ab über deine Verwaltung! Du kannst nicht länger mein Verwalter sein. Da überlegte der Verwalter: Mein Herr entzieht mir die Verwaltung. Was soll ich jetzt

tun? Zu schwerer Arbeit tauge ich nicht, und zu betteln schäme ich mich. Doch – ich weiß, was ich tun muss, damit mich die Leute in ihre Häuser aufnehmen, wenn ich als Verwalter abgesetzt bin. Und er ließ die Schuldner seines Herrn, einen nach dem andern, zu sich kommen und fragte den ersten: Wie viel bist du meinem Herrn schuldig? Er antwortete: Hundert Fass Öl. Da sagte er zu ihm: Nimm deinen Schuldschein, setz dich gleich hin, und schreib „fünfzig". Dann fragte er einen andern: Wie viel bist du schuldig? Der antwortete: Hundert Sack Weizen. Da sagte er zu ihm: Nimm deinen Schuldschein, und schreib „achtzig". Und der Herr lobte die Klugheit des unehrlichen Verwalters und sagte: Die Kinder dieser Welt sind im Umgang mit ihresgleichen klüger als die Kinder des Lichtes.

Der rechte Gebrauch des Reichtums | 16, 9–13

Ich sage euch: Macht euch Freunde mit Hilfe des ungerechten Mammons, damit ihr in die ewigen Wohnungen aufgenommen werdet, wenn es (mit euch) zu Ende geht. Wer in den kleinsten Dingen zuverlässig ist, der ist es auch in den großen, und wer bei den kleinsten Dingen Unrecht tut, der tut es auch bei den großen.
Wenn ihr im Umgang mit dem ungerechten Reichtum nicht zuverlässig gewesen seid, wer wird euch dann das wahre Gut anvertrauen? Und wenn ihr im Umgang mit dem fremden Gut nicht zuverlässig gewesen seid, wer wird euch dann euer (wahres) Eigentum geben? Kein Sklave kann zwei Herren dienen; er wird entweder den einen hassen und den andern lieben, oder er wird zu dem einen halten und den andern verachten. Ihr könnt nicht beiden dienen, Gott und dem Mammon.

Das Urteil Jesu über die Pharisäer | 16, 14–15

Das alles hörten auch die Pharisäer, die sehr am Geld hingen, und sie lachten über ihn. Da sagte er zu ihnen: Ihr redet den Leuten ein, dass ihr gerecht seid; aber Gott kennt euer Herz. Denn was die Menschen für großartig halten, das ist in den Augen Gottes ein Gräuel.

Das Gesetz und der Ehescheidung | 16, 16–18

Bis zu Johannes hatte man nur das Gesetz und die Propheten. Seitdem wird das Evangelium vom Reich Gottes verkündet, und alle drängen sich danach, hineinzukommen. Aber eher werden Himmel und Erde vergehen, als dass auch nur der kleinste Buchstabe im Gesetz wegfällt. Wer seine Frau aus der Ehe entlässt und eine andere heiratet, begeht Ehebruch; auch wer eine Frau heiratet, die von ihrem Mann aus der Ehe entlassen worden ist, begeht Ehebruch.

Das Beispiel vom reichen Mann und vom armen Lazarus | 16, 19–31

Es war einmal ein reicher Mann, der sich in Purpur und feines Leinen kleidete und Tag für Tag herrlich und in Freuden lebte. Vor der Tür des Reichen aber lag ein armer Mann namens Lazarus, dessen Leib voller Geschwüre war. Er hätte gern seinen Hunger mit dem gestillt, was vom Tisch des Reichen herunterfiel. Stattdessen kamen die Hunde und leckten an seinen Geschwüren. Als nun der Arme starb, wurde er von den Engeln in Abrahams Schoß getragen. Auch der Reiche starb und wurde begraben. In der Unterwelt, wo er qualvolle Schmerzen litt, blickte er auf und sah von weitem Abraham, und Lazarus in seinem Schoß. Da rief er: Vater Abraham, hab Erbarmen mit mir, und schick Lazarus zu mir; er soll wenigstens die Spitze seines Fingers ins Wasser tauchen und mir die Zunge kühlen, denn ich leide große Qual in diesem Feuer. Abraham erwiderte: Mein Kind, denk daran, dass du schon zu Lebzeiten deinen Anteil am Guten erhalten hast, Lazarus aber nur Schlechtes. Jetzt wird er dafür getröstet, du aber musst leiden. Außerdem ist zwischen uns und euch ein tiefer, unüberwindlicher Abgrund, so dass niemand von hier zu euch oder von dort zu uns kommen kann, selbst wenn er wollte. Da sagte der Reiche: Dann bitte ich dich, Vater, schick ihn in das Haus meines Vaters! Denn ich habe noch fünf Brüder. Er soll sie warnen, damit nicht auch sie an diesen Ort der Qual kommen. Abraham aber sagte: Sie haben Mose und die Propheten, auf die sollen sie hören. Er erwiderte: Nein, Vater Abraham, nur wenn einer von den Toten zu ihnen kommt, werden sie umkehren. Darauf sagte Abraham: Wenn sie auf Mose und die Propheten nicht hören, werden sie sich auch nicht überzeugen lassen, wenn einer von den Toten aufersteht.

Warnung vor der Verführung | 17, 1–3 a

Er sagte zu seinen Jüngern: Es ist unvermeidlich, dass Verführungen kommen. Aber wehe dem, der sie verschuldet. Es wäre besser für ihn, man würde ihn mit einem Mühlstein um den Hals ins Meer werfen, als dass er einen von diesen Kleinen zum Bösen verführt. Seht euch vor!

Die Pflicht zur Vergebung | 17, 3b–4

Wenn dein Bruder sündigt, weise ihn zurecht; und wenn er sich ändert, vergib ihm. Und wenn er sich siebenmal am Tag gegen dich versündigt und siebenmal wieder zu dir kommt und sagt: Ich will mich ändern!, so sollst du ihm vergeben.

Die Macht des Glaubens | 17, 5–6

Die Apostel baten den Herrn: Stärke unseren Glauben! Der Herr erwiderte: Wenn euer Glaube auch nur so groß wäre wie ein Senfkorn, würdet ihr zu dem Maulbeerbaum hier sagen: Heb dich samt deinen Wurzeln aus dem Boden, und verpflanz dich ins Meer!, und er würde euch gehorchen.

Das Gleichnis vom unnützen Sklaven | 17, 7–10

Wenn einer von euch einen Sklaven hat, der pflügt oder das Vieh hütet, wird er etwa zu ihm, wenn er vom Feld kommt, sagen: Nimm gleich Platz zum Essen? Wird er nicht vielmehr zu ihm sagen: Mach mir etwas zu essen, gürte dich, und bediene mich; wenn ich gegessen und getrunken habe, kannst auch du essen und trinken. Bedankt er sich etwa bei dem Sklaven, weil er getan hat, was ihm befohlen wurde? So soll es auch bei euch sein: Wenn ihr alles getan habt, was euch befohlen wurde, sollt ihr sagen: Wir sind unnütze Sklaven; wir haben nur unsere Schuldigkeit getan.

Der dankbare Samariter | 17, 11–19

Auf dem Weg nach Jerusalem zog Jesus durch das Grenzgebiet von Samarien und Galiläa. Als er in ein Dorf hineingehen wollte, kamen ihm zehn Aussätzige entgegen. Sie blieben in der Ferne stehen und riefen: Jesus, Meister, hab Erbarmen mit uns! Als er sie sah, sagte er zu ihnen: Geht, zeigt euch den Priestern! Und während sie zu den Priestern gingen, wurden sie rein. Einer von ihnen aber kehrte um, als er sah, dass er geheilt war; und er lobte Gott mit lauter Stimme. Er warf sich vor den Füßen Jesu zu Boden und dankte ihm. Dieser Mann war aus Samarien. Da sagte Jesus: Es sind doch alle zehn rein geworden. Wo sind die übrigen neun? Ist denn keiner umgekehrt, um Gott zu ehren, außer diesem Fremden? Und er sagte zu ihm: Steh auf und geh! Dein Glaube hat dir geholfen.

Das Kommen des Gottesreiches | 17, 20–21

Als Jesus von den Pharisäern gefragt wurde, wann das Reich Gottes komme, antwortete er: Das Reich Gottes kommt nicht so, dass man es an äußeren Zeichen erkennen könnte. Man kann auch nicht sagen: Seht, hier ist es!, oder: Dort ist es! Denn: Das Reich Gottes ist (schon) mitten unter euch.

Das Kommen des Menschensohnes | 17, 22–37

Er sagte zu den Jüngern: Es wird eine Zeit kommen, in der ihr euch danach sehnt, auch nur einen von den Tagen des Menschensohnes zu erleben; aber ihr werdet ihn nicht erleben. Und wenn man zu euch sagt: Dort ist er! Hier ist er!, so geht nicht hin, und lauft nicht hinterher! Denn wie der Blitz von einem Ende des Himmels bis zum andern leuchtet, so wird der Menschensohn an seinem Tag erscheinen. Vorher aber muss er vieles erleiden und von dieser Generation verworfen werden. Und wie es zur Zeit des Noach war, so wird es auch in den Tagen des Menschensohnes sein. Die Menschen aßen und tranken und heirateten bis zu dem Tag, an dem Noach in die Arche ging; dann kam die Flut und vernichtete alle. Und es wird ebenso sein, wie es zur Zeit des Lot war: Sie aßen und tranken, kauften und verkauften, pflanzten und bauten. Aber an dem Tag, als Lot Sodom verließ, regnete es Feuer und Schwefel vom Himmel, und alle kamen um. Ebenso wird es an dem Tag sein, an dem sich der Menschensohn offenbart. Wer dann auf dem Dach ist und seine Sachen im Haus hat, soll nicht hinabsteigen, um sie zu holen, und wer auf dem Feld ist, soll nicht zurückkehren. Denkt an die Frau des Lot! Wer sein Leben zu bewahren sucht, wird es verlieren; wer es dagegen verliert, wird es gewinnen. Ich sage euch: Von zwei Männern, die in jener Nacht auf einem Bett liegen, wird der eine mitgenommen und der andere zurückgelassen. Von zwei Frauen, die mit derselben Mühle Getreide mahlen, wird die eine mitgenommen und die andere zurückgelassen. Da fragten sie ihn: Wo wird das geschehen, Herr? Er antwortete: Wo ein Aas ist, da sammeln sich auch die Geier.

Das Gleichnis vom gottlosen Richter und der Witwe | 18, 1-8

Jesus sagte ihnen durch ein Gleichnis, dass sie allezeit beten und darin nicht nachlassen sollten: In einer Stadt lebte ein Richter, der Gott nicht fürchtete und auf keinen Menschen Rücksicht nahm. In der gleichen Stadt lebte auch eine Witwe, die immer wieder zu ihm kam und sagte: Verschaff mir Recht gegen meinen Feind! Lange wollte er nichts davon wissen. Dann aber sagte er sich: Ich fürchte zwar Gott nicht und nehme auch auf keinen Menschen Rücksicht; trotzdem will ich dieser Witwe zu ihrem Recht verhelfen, denn sie lässt mich nicht in Ruhe. Sonst kommt sie am Ende noch und schlägt mich ins Gesicht. Und der Herr fügte hinzu: Bedenkt, was der ungerechte Richter sagt. Sollte Gott seinen Auserwählten, die Tag und Nacht zu ihm schreien, nicht zu ihrem Recht verhelfen, sondern zögern? Ich sage euch: Er wird ihnen unverzüglich ihr Recht verschaffen. Wird jedoch der Menschensohn, wenn er kommt, auf der Erde (noch) Glauben vorfinden?

Das Beispiel vom Pharisäer und vom Zöllner | 18, 9–14

Einigen, die von ihrer eigenen Gerechtigkeit überzeugt waren und die anderen verachteten, erzählte Jesus dieses Beispiel: Zwei Männer gingen zum Tempel hinauf, um zu beten; der eine war ein Pharisäer, der andere ein Zöllner. Der Pharisäer stellte sich hin und sprach leise dieses Gebet: Gott, ich danke dir, dass ich nicht wie die anderen Menschen bin, die Räuber, Betrüger, Ehebrecher oder auch wie dieser Zöllner dort. Ich faste zweimal in der Woche und gebe dem Tempel den zehnten Teil meines ganzen Einkommens. Der Zöllner aber blieb ganz hinten stehen und wagte nicht einmal, seine Augen zum Himmel zu erheben, sondern schlug sich an die Brust und betete: Gott, sei mir Sünder gnädig! Ich sage euch: Dieser kehrte als Gerechter nach Hause zurück, der andere nicht. Denn wer sich selbst erhöht, wird erniedrigt, wer sich aber selbst erniedrigt, wird erhöht werden.

Die Segnung der Kinder | 18, 15–17

Man brachte auch kleine Kinder zu ihm, damit er ihnen die Hände auflegte. Als die Jünger das sahen, wiesen sie die Leute schroff ab. Jesus aber rief die Kinder zu sich und sagte: Lasst die Kinder zu mir kommen; hindert sie nicht daran! Denn Menschen wie ihnen gehört das Reich Gottes. Amen, das sage ich euch: Wer das Reich Gottes nicht so annimmt, wie ein Kind, der wird nicht hineinkommen.

Reichtum und Nachfolge | 18, 18–30

Einer von den führenden Männern fragte ihn: Guter Meister, was muss ich tun, um das ewige Leben zu gewinnen? Jesus antwortete: Warum nennst du mich gut? Niemand ist gut außer Gott, dem Einen. Du kennst doch die Gebote: Du sollst nicht die Ehe brechen, du sollst nicht töten, du sollst nicht stehlen, du sollst nicht falsch aussagen; ehre deinen Vater und deine Mutter! Er erwiderte: Alle diese Gebote habe ich von Jugend an befolgt. Als Jesus das hörte, sagte er: Eines fehlt dir noch: Verkauf alles, was du hast, verteil das Geld an die Armen, und du wirst einen bleibenden Schatz im Himmel haben; dann komm und folge mir nach! Der Mann aber wurde sehr traurig, als er das hörte; denn er war überaus reich. Jesus sah ihn an und sagte: Wie schwer ist es für Menschen, die viel besitzen, in das Reich Gottes zu kommen! Denn eher geht ein Kamel durch ein Nadelöhr, als dass ein Reicher in das Reich Gottes gelangt. Die Leute, die das hörten, fragten: Wer kann dann noch gerettet werden? Er erwiderte: Was für Menschen unmöglich ist, ist für Gott möglich. Da sagte Petrus: Du weißt, wir haben unser Eigentum verlassen und sind dir nachgefolgt. Jesus antwortete ihnen: Amen, ich sage euch: Jeder, der um des Reiches Gottes willen Haus oder Frau, Brüder, Eltern oder Kinder verlassen hat, wird dafür schon in dieser Zeit das Vielfache erhalten und in der kommenden Welt das ewige Leben.

Die dritte Ankündigung von Leiden und Auferstehung | 18, 31–34

Jesus versammelte die Zwölf um sich und sagte zu ihnen: Wir gehen jetzt nach Jerusalem hinauf; dort wird sich alles erfüllen, was bei den Propheten über den Menschensohn steht: Er wird den Heiden ausgeliefert, wird verspottet, misshandelt und angespuckt werden, und man wird ihn geißeln und töten. Aber am dritten Tag wird er auferstehen. Doch die Zwölf verstanden das alles nicht; der Sinn der Worte war ihnen verschlossen, und sie begriffen nicht, was er sagte.

Die Heilung eines Blinden bei Jericho | 18, 35–43

Als Jesus in die Nähe von Jericho kam, saß ein Blinder an der Straße und bettelte. Er hörte, dass viele Menschen vorbeigingen, und fragte: Was hat das zu bedeuten? Man sagte ihm: Jesus von Nazaret geht vorüber. Da rief er: Jesus, Sohn Davids, hab Erbarmen mit mir! Die Leute, die vorausgingen, wurden ärgerlich und befahlen ihm zu schweigen. Er aber schrie noch viel lauter: Sohn Davids, hab Erbarmen mit mir! Jesus blieb stehen und ließ ihn zu sich herführen. Als der Mann vor ihm stand, fragte ihn Jesus: Was soll ich dir tun? Er antwortete: Herr, ich möchte wieder sehen können. Da sagte Jesus zu ihm: Du sollst wieder sehen. Dein Glaube hat dir geholfen. Im gleichen Augenblick konnte er wieder sehen. Da pries er Gott und folgte Jesus. Und alle Leute, die das gesehen hatten, lobten Gott.

Jesus im Haus des Zöllners Zachäus | 19, 1–10

Dann kam er nach Jericho und ging durch die Stadt. Dort wohnte ein Mann namens Zachäus; er war der oberste Zollpächter und war sehr reich. Er wollte gern sehen, wer dieser Jesus sei, doch die Menschenmenge versperrte ihm die Sicht; denn er war klein. Darum lief er voraus und stieg auf einen Maulbeerfeigenbaum, um Jesus zu sehen, der dort vorbeikommen musste. Als Jesus an die Stelle kam, schaute er hinauf und sagte zu ihm: Zachäus, komm schnell herunter! Denn ich muss heute in deinem Haus zu Gast sein. Da stieg er schnell herunter und nahm Jesus freudig bei sich auf. Als die Leute das sahen, empörten sie sich und sagten: Er ist bei einem Sünder eingekehrt. Zachäus aber wandte sich an den Herrn und sagte: Herr, die Hälfte meines Vermögens will ich den Armen geben, und wenn ich von jemand zu viel gefordert habe, gebe ich ihm das Vierfache zurück. Da sagte Jesus zu ihm: Heute ist diesem Haus das Heil geschenkt worden, weil auch dieser Mann ein Sohn Abrahams ist. Denn der Menschensohn ist gekommen, um zu suchen und zu retten, was verloren ist.

Das Gleichnis vom anvertrauten Geld | 19, 11–27

Weil Jesus schon nahe bei Jerusalem war, meinten die Menschen, die von all dem hörten, das Reich Gottes werde sofort erscheinen. Daher erzählte er ihnen ein weiteres Gleichnis. Er sagte: Ein Mann von vornehmer Herkunft wollte in ein fernes Land reisen, um die

Königswürde zu erlangen und dann zurückzukehren. Er rief zehn seiner Diener zu sich, verteilte unter sie Geld im Wert von zehn Minen und sagte: Macht Geschäfte damit, bis ich wiederkomme. Da ihn aber die Einwohner seines Landes hassten, schickten sie eine Gesandtschaft hinter ihm her und ließen sagen: Wir wollen nicht, dass dieser Mann unser König wird. Dennoch wurde er als König eingesetzt. Nach seiner Rückkehr ließ er die Diener, denen er das Geld gegeben hatte, zu sich rufen. Er wollte sehen, welchen Gewinn jeder bei seinen Geschäften erzielt hatte. Der erste kam und sagte: Herr, ich habe mit deiner Mine zehn Minen erwirtschaftet. Da sagte der König zu ihm: Sehr gut, du bist ein tüchtiger Diener. Weil du im Kleinsten zuverlässig warst, sollst du Herr über zehn Städte werden. Der zweite kam und sagte: Herr, ich habe mit deiner Mine fünf Minen erwirtschaftet. Zu ihm sagte der König: Du sollst über fünf Städte herrschen. Nun kam ein anderer und sagte: Herr, hier hast du dein Geld zurück. Ich habe es in ein Tuch eingebunden und aufbewahrt; denn ich hatte Angst vor dir, weil du ein strenger Mann bist: Du hebst ab, was du nicht eingezahlt hast, und erntest, was du nicht gesät hast. Der König antwortete: Aufgrund deiner eigenen Worte spreche ich dir das Urteil. Du bist ein schlechter Diener. Du hast gewusst, dass ich ein strenger Mann bin? Dass ich abhebe, was ich nicht eingezahlt habe, und ernte, was ich nicht gesät habe? Warum hast du dann mein Geld nicht auf die Bank gebracht? Dann hätte ich es bei der Rückkehr mit Zinsen abheben können. Und zu den anderen, die dabeistanden, sagte er: Nehmt ihm das Geld weg, und gebt es dem, der die zehn Minen hat. Sie sagten zu ihm: Herr, er hat doch schon zehn. (Da erwiderte er:) Ich sage euch: Wer hat, dem wird gegeben werden; wer aber nicht hat, dem wird auch noch weggenommen, was er hat. Doch meine Feinde, die nicht wollten, dass ich ihr König werde – bringt sie her, und macht sie vor meinen Augen nieder!

Die letzten Tage in Jerusalem: 19, 28–21, 38

Auseinandersetzung mit den Gegnern in Jerusalem: 19, 28–21, 4

Der Einzug in Jerusalem | 19, 28–40

Nach dieser Rede zog Jesus weiter und ging nach Jerusalem hinauf. Als er in die Nähe von Betfage und Betanien kam, an den Berg, der Ölberg heißt, schickte er zwei seiner Jünger voraus und sagte: Geht in das Dorf, das vor uns liegt. Wenn ihr hineinkommt, werdet ihr dort einen jungen Esel angebunden finden, auf dem noch nie ein Mensch gesessen hat. Bindet ihn los, und bringt ihn her! Und wenn euch jemand fragt: Warum bindet ihr ihn los?, dann antwortet: Der Herr braucht ihn. Die beiden machten sich auf den Weg und fanden alles so, wie er es ihnen gesagt hatte. Als sie den jungen Esel losbanden, sagten die Leute, denen er gehörte: Warum bindet ihr den Esel los? Sie antworteten: Der Herr braucht ihn. Dann führten sie ihn zu Jesus, legten ihre Kleider auf das Tier und halfen Jesus hinauf. Während er dahin ritt, breiteten die Jünger ihre Kleider auf der Straße aus. Als er an die Stelle kam, wo der Weg vom Ölberg hinabführt, begannen alle Jünger freudig und mit lauter Stimme Gott zu loben wegen all der Wundertaten, die sie erlebt hatten. Sie riefen: Gesegnet sei der König, der kommt im Namen des Herrn. Im Himmel Friede und Herrlichkeit in der Höhe! Da riefen ihm einige Pharisäer aus der Menge zu: Meister, bring deine Jünger zum Schweigen! Er erwiderte: Ich sage euch: Wenn sie schweigen, werden die Steine schreien.

Die Ankündigung der Zerstörung Jerusalems | 19, 41–44

Als er näher kam und die Stadt sah, weinte er über sie und sagte: Wenn doch auch du an diesem Tag erkannt hättest, was dir Frieden bringt. Jetzt aber bleibt es vor deinen Augen verborgen. Es wird eine Zeit für dich kommen, in der deine Feinde rings um dich einen Wall aufwerfen, dich einschließen und von allen Seiten bedrängen. Sie werden dich und deine Kinder zerschmettern und keinen Stein auf dem andern lassen; denn du hast die Zeit der Gnade nicht erkannt.

Die Tempelreinigung | 19, 45–48

Dann ging er in den Tempel und begann, die Händler hinauszutreiben. Er sagte zu ihnen: In der Schrift steht: Mein Haus soll ein Haus des Gebetes sein. Ihr aber habt daraus eine Räuberhöhle gemacht. Er lehrte täglich im Tempel. Die Hohenpriester, die Schriftgelehrten und die übrigen Führer des Volkes aber suchten ihn umzubringen. Sie wussten jedoch nicht, wie sie es machen sollten, denn das ganze Volk hing an ihm und hörte ihn gern.

Die Frage nach der Vollmacht Jesu | 20, 1–8

Als er eines Tages im Tempel das Volk lehrte und das Evangelium verkündete, kamen die Hohenpriester und die Schriftgelehrten mit den Ältesten hinzu und fragten ihn: Sag uns: Mit welchem Recht tust du das alles? Wer hat dir dazu die Vollmacht gegeben? Er antwortete ihnen: Auch ich will euch eine Frage stellen. Sagt mir: Stammte die Taufe des Johannes vom Himmel oder von den Menschen? Da überlegten sie und sagten zueinander: Wenn wir antworten: Vom Himmel!, so wird er sagen: Warum habt ihr ihm dann nicht geglaubt? Wenn wir aber antworten: Von den Menschen!, dann wird das ganze Volk uns steinigen; denn sie sind überzeugt, dass Johannes ein Prophet gewesen ist. Darum antworteten sie: Wir wissen nicht, woher. Jesus erwiderte: Dann sage auch ich euch nicht, mit welchem Recht ich das alles tue.

Das Gleichnis von den bösen Winzern | 20, 9–19

Er erzählte dem Volk dieses Gleichnis: Ein Mann legte einen Weinberg an, verpachtete ihn an Winzer und reiste für längere Zeit in ein anderes Land. Als nun die Zeit dafür gekommen war, schickte er einen Knecht zu den Winzern, damit sie ihm seinen Anteil am Ertrag des Weinbergs ablieferten. Die Winzer aber prügelten ihn und jagten ihn mit leeren Händen fort. Darauf schickte er einen anderen Knecht; auch ihn prügelten und beschimpften sie und jagten ihn mit leeren Händen fort. Er schickte noch einen dritten Knecht; aber auch ihn schlugen sie blutig und warfen ihn hinaus. Da sagte der Besitzer des Weinbergs: Was soll ich tun? Ich will meinen geliebten Sohn zu ihnen schicken. Vielleicht werden sie vor ihm Achtung haben. Als die Winzer den Sohn sahen, überlegten sie und sagten zueinander: Das ist der Erbe; wir wollen ihn töten, damit das Erbgut uns gehört. Und sie warfen ihn aus dem Weinberg hinaus und brachten ihn um. Was wird nun der Besitzer des Weinbergs mit ihnen tun? Er wird kommen und diese Winzer töten und den Weinberg anderen geben. Als sie das hörten, sagten sie: Das darf nicht geschehen! Da sah Jesus sie an und sagte: Was bedeutet das Schriftwort: Der Stein, den die Bauleute verworfen haben, er ist zum Eckstein geworden? Jeder, der auf diesen Stein fällt, wird zerschellen; auf wen der Stein aber fällt, den wird er zermalmen. Die Schriftgelehrten und die Hohenpriester hätten ihn gern noch in derselben Stunde festgenommen; aber sie fürchteten das Volk. Denn sie hatten gemerkt, dass er sie mit diesem Gleichnis meinte.

Die Frage nach der kaiserlichen Steuer | 20, 20–26

Daher lauerten sie ihm auf und schickten Spitzel, die sich fromm stellen und ihn bei einer (unüberlegten) Antwort ertappen sollten. Denn sie wollten ihn der Gerichtsbarkeit des Statthalters übergeben. Die Spitzel fragten ihn: Meister, wir wissen, dass du aufrichtig redest und lehrst und nicht auf die Person siehst, sondern wirklich den Weg Gottes lehrst. Ist es uns erlaubt, dem Kaiser Steuer zu zahlen, oder nicht? Er aber durchschaute ihre Hinterlist und sagte zu ihnen: Zeigt mir einen Denar! Wessen Bild und Aufschrift sind darauf? Sie antworteten: Die des Kaisers. Da sagte er zu ihnen: Dann gebt dem Kaiser, was dem Kaiser gehört, und Gott, was Gott gehört! So gelang es ihnen nicht, ihn öffentlich bei einem (unüberlegten) Wort zu ertappen. Sie waren von seiner Antwort sehr überrascht und schwiegen.

Die Frage nach der Auferstehung der Toten | 20, 27–40

Von den Sadduzäern, die die Auferstehung leugnen, kamen einige zu Jesus und fragten ihn: Meister, Mose hat uns vorgeschrieben: Wenn ein Mann, der einen Bruder hat, stirbt und eine Frau hinterlässt, ohne Kinder zu haben, dann soll sein Bruder die Frau heiraten und seinem Bruder Nachkommen verschaffen. Nun lebten einmal sieben Brüder. Der erste nahm sich eine Frau, starb aber kinderlos. Da nahm sie der zweite, danach der dritte, und ebenso die anderen bis zum siebten; sie alle hinterließen keine Kinder, als sie starben. Schließlich starb auch die Frau. Wessen Frau wird sie nun bei der Auferstehung sein? Alle sieben haben sie doch zur Frau gehabt. Da sagte Jesus zu ihnen: Nur in dieser Welt heiraten die Menschen. Die aber, die Gott für würdig hält, an jener Welt und an der Auferstehung von den Toten teilzuhaben, werden dann nicht mehr heiraten. Sie können auch nicht mehr sterben, weil sie den Engeln gleich und durch die Auferstehung zu Söhnen Gottes geworden sind. Dass aber die Toten auferstehen, hat schon Mose in der Geschichte vom Dornbusch angedeutet, in der er den Herrn den Gott Abrahams, den Gott Isaaks und den Gott Jakobs nennt. Er ist doch kein Gott von Toten, sondern von Lebenden; denn für ihn sind alle lebendig. Da sagten einige Schriftgelehrte: Meister, du hast gut geantwortet. Und man wagte nicht mehr, ihn etwas zu fragen.

Die Frage nach dem Messias | 20, 41–44

Da fragte er sie: Wie kann man behaupten, der Messias sei der Sohn Davids? Denn David selbst sagt im Buch der Psalmen: Der Herr sprach zu meinem Herrn: Setze dich mir zur Rechten, und ich lege dir deine Feinde als Schemel unter die Füße. David nennt ihn also „Herr“. Wie kann er dann Davids Sohn sein?

Worte gegen die Schriftgelehrten | 20, 45–47

Jesus sagte vor dem ganzen Volk zu seinen Jüngern: Hütet euch vor den Schriftgelehrten! Sie gehen gern in langen Gewändern umher, lieben es, wenn man sie auf den Straßen und Plätzen grüßt, und wollen in der Synagoge die vordersten Sitze und bei jedem Festmahl die Ehrenplätze haben. Sie bringen die Witwen um ihre Häuser und verrichten in ihrer Scheinheiligkeit lange Gebete. Aber umso härter wird das Urteil sein, das sie erwartet.

Das Opfer der Witwe | 21, 1–4

Er blickte auf und sah, wie die Reichen ihre Gaben in den Opferkasten legten. Dabei sah er auch eine arme Witwe, die zwei kleine Münzen hineinwarf. Da sagte er: Wahrhaftig, ich sage euch: Diese arme Witwe hat mehr hineingeworfen als alle anderen. Denn sie alle haben nur etwas von ihrem Überfluss geopfert; diese Frau aber, die kaum das Nötigste zum Leben hat, sie hat ihren ganzen Lebensunterhalt hergegeben.

Die Rede über die Endzeit: 21, 5–36
Die Ankündigung der Zerstörung des Tempels | 21, 5–6

Als einige darüber sprachen, dass der Tempel mit schönen Steinen und Weihegeschenken geschmückt sei, sagte Jesus: Es wird eine Zeit kommen, da wird von allem, was ihr hier seht, kein Stein auf dem andern bleiben; alles wird niedergerissen werden.

Der Anfang der Not | 21, 7–19

Sie fragten ihn: Meister, wann wird das geschehen, und an welchem Zeichen wird man erkennen, dass es beginnt? Er antwortete: Gebt Acht, dass man euch nicht irreführt! Denn viele werden unter meinem Namen auftreten und sagen: Ich bin es!, und: Die Zeit ist da. – Lauft ihnen nicht nach! Und wenn ihr von Kriegen und Unruhen hört, lasst euch dadurch nicht erschrecken! Denn das muss als erstes geschehen; aber das Ende kommt noch nicht sofort. Dann sagte er zu ihnen: Ein Volk wird sich gegen das andere erheben und ein Reich gegen das andere. Es wird gewaltige Erdbeben und an vielen Orten Seuchen und Hungersnöte geben; schreckliche Dinge werden geschehen, und am Himmel wird man gewaltige Zeichen sehen. Aber bevor das alles geschieht, wird man euch festnehmen und euch verfolgen. Man wird euch um meines Namens willen den Gerichten der Synagogen übergeben, ins Gefängnis werfen und vor Könige und Statthalter bringen. Dann werdet ihr Zeugnis ablegen können. Nehmt euch fest vor, nicht im Voraus für eure Verteidigung zu sorgen; denn ich werde euch die Worte und die Weisheit eingeben, so dass alle eure Gegner nicht dagegen ankommen und nichts dagegen sagen können. Sogar eure Eltern und Geschwister, eure Verwandten und Freunde werden euch ausliefern, und manche von euch wird man töten. Und ihr werdet um meines Namens willen von allen gehasst werden. Und doch wird euch kein Haar gekrümmt werden. Wenn ihr standhaft bleibt, werdet ihr das Leben gewinnen.

Das Gericht über Jerusalem | 21, 20–24

Wenn ihr aber seht, dass Jerusalem von einem Heer eingeschlossen wird, dann könnt ihr daran erkennen, dass die Stadt bald verwüstet wird. Dann sollen die Bewohner von Judäa in die Berge fliehen; wer in der Stadt ist, soll sie verlassen, und wer auf dem Land ist, soll nicht in die Stadt gehen. Denn das sind die Tage der Vergeltung, an denen alles in Erfüllung gehen soll, was in der Schrift steht. Wehe den Frauen, die in jenen Tagen schwanger sind oder ein Kind stillen. Denn eine große Not wird über das Land hereinbrechen: Der Zorn (Gottes) wird über dieses Volk kommen. Mit scharfem Schwert wird man sie erschlagen, als Gefangene wird man, sie in alle Länder verschleppen, und Jerusalem wird von den Heiden zertreten werden, bis die Zeiten der Heiden sich erfüllen.

Das Kommen des Menschensohnes | 21, 25–28

Es werden Zeichen sichtbar werden an Sonne, Mond und Sternen, und auf der Erde werden die Völker bestürzt und ratlos sein über das Toben und Donnern des Meeres. Die Menschen werden vor Angst vergehen in der Erwartung der Dinge, die über die Erde kommen; denn die Kräfte des Himmels werden erschüttert werden. Dann wird man den Menschensohn mit großer Macht und Herrlichkeit auf einer Wolke kommen sehen. Wenn (all) das beginnt, dann richtet euch auf, und erhebt eure Häupter; denn eure Erlösung ist nahe.

Mahnungen im Hinblick auf das Ende | 21, 29–36

Und er gebrauchte einen Vergleich und sagte: Seht euch den Feigenbaum und die anderen Bäume an: Sobald ihr merkt, dass sie Blätter treiben, wisst ihr, dass der Sommer nahe ist. Genauso sollt ihr erkennen, wenn ihr (all) das geschehen seht, dass das Reich Gottes nahe ist. Amen, ich sage euch: Diese Generation wird nicht vergehen, bis alles eintrifft. Himmel und Erde werden vergehen, aber meine Worte werden nicht vergehen. Nehmt euch in Acht, dass Rausch und Trunkenheit und die Sorgen des Alltags euch nicht verwirren und dass jener Tag euch nicht plötzlich überrascht, (so) wie (man in) eine Falle (gerät); denn er wird über alle Bewohner der ganzen Erde hereinbrechen. Wacht und betet allezeit, damit ihr allem, was geschehen wird, entrinnen und vor den Menschensohn hintreten könnt.

Die Lehrtätigkeit Jesu im Tempel | 21, 37–38

Tagsüber lehrte Jesus im Tempel; abends aber ging er zum Ölberg hinaus und verbrachte dort die Nacht. Schon früh am Morgen kam das ganze Volk zu ihm in den Tempel, um ihn zu hören.

Leiden, Tod und Auferstehung Jesu: 22, 1–24, 53
Der Beschluss des Hohen Rates | 22, 1–2

Das Fest der Ungesäuerten Brote, das Pascha genannt wird, war nahe. Und die Hohenpriester und die Schriftgelehrten suchten nach einer Möglichkeit, Jesus (unauffällig) zu beseitigen; denn sie fürchteten sich vor dem Volk.

Der Verrat durch Judas | 22, 3–6

Der Satan aber ergriff Besitz von Judas, genannt Iskariot, der zu den Zwölf gehörte. Judas ging zu den Hohenpriestern und den Hauptleuten und beriet mit ihnen, wie er Jesus an sie ausliefern könnte. Da freuten sie sich und kamen mit ihm überein, ihm Geld dafür zu geben. Er sagte zu und suchte von da an nach einer Gelegenheit, ihn an sie auszuliefern, ohne dass das Volk es merkte.

Die Vorbereitung des Paschamahls | 22, 7–13

Dann kam der Tag der Ungesäuerten Brote, an dem das Paschalamm geschlachtet werden musste. Jesus schickte Petrus und Johannes in die Stadt und sagte: Geht und bereitet das Paschamahl für uns vor, damit wir es gemeinsam essen können. Sie fragten ihn: Wo sollen wir es vorbereiten? Er antwortete ihnen: Wenn ihr in die Stadt kommt, wird euch ein Mann begegnen, der einen Wasserkrug trägt. Folgt ihm in das Haus, in das er hineingeht, und sagt zu dem Herrn des Hauses: Der Meister lässt dich fragen: Wo ist der Raum, in dem ich mit meinen Jüngern das Paschalamm essen kann? Und der Hausherr wird euch einen großen Raum im Obergeschoß zeigen, der mit Polstern ausgestattet ist. Dort bereitet alles vor! Sie gingen und fanden alles so, wie er es ihnen gesagt hatte, und bereiteten das Paschamahl vor.

Das Mahl | 22, 14–23

Als die Stunde gekommen war, begab er sich mit den Aposteln zu Tisch. Und er sagte zu ihnen: Ich habe mich sehr danach gesehnt, vor meinem Leiden dieses Paschamahl mit euch zu essen. Denn ich sage euch: Ich werde es nicht mehr essen, bis das Mahl seine Erfüllung findet im Reich Gottes. Und er nahm den Kelch, sprach das Dankgebet und sagte: Nehmt den Wein, und verteilt ihn untereinander! Denn ich sage euch: Von nun an werde ich nicht mehr von der Frucht des Weinstocks trinken, bis das Reich Gottes kommt. Und er nahm Brot, sprach das Dankgebet, brach das Brot und reichte es ihnen mit den Worten: Das ist mein Leib, der für euch hingegeben wird. Tut dies zu meinem Gedächtnis! Ebenso nahm er nach dem Mahl den Kelch und sagte: Dieser Kelch ist der Neue Bund in meinem Blut, das für euch vergossen wird. Doch seht, der Mann, der mich verrät und ausliefert, sitzt mit mir am Tisch. Der Menschensohn muss zwar den Weg gehen, der ihm bestimmt ist. Aber weh dem Menschen, durch den er verraten wird. Da fragte einer den andern, wer von ihnen das wohl sei, der so etwas tun werde.

Vom Herrschen und vom Dienen | 22, 24–30

Es entstand unter ihnen ein Streit darüber, wer von ihnen wohl der Größte sei. Da sagte Jesus: Die Könige herrschen über ihre Völker, und die Mächtigen lassen sich Wohltäter nennen. Bei euch aber soll es nicht so sein, sondern der Größte unter euch soll werden wie der Kleinste, und der Führende soll werden wie der Dienende. Welcher von beiden ist größer: wer bei Tisch sitzt oder wer bedient? Natürlich der, der bei Tisch sitzt. Ich aber bin unter euch wie der, der bedient. In allen meinen Prüfungen habt ihr bei mir ausgeharrt. Darum vermache ich euch das Reich, wie es mein Vater mir vermacht hat: Ihr sollt in meinem Reich mit mir an meinem Tisch essen und trinken, und ihr sollt auf Thronen sitzen und die zwölf Stämme Israels richten.

Die Ankündigung der Verleugnung und der Umkehr des Petrus | 22, 31–34

Simon, Simon, der Satan hat verlangt, dass er euch wie Weizen sieben darf. Ich aber habe für dich gebetet, dass dein Glaube nicht erlischt. Und wenn du dich wieder bekehrt hast, dann stärke deine Brüder. Darauf sagte Petrus zu ihm: Herr, ich bin bereit, mit dir sogar ins Gefängnis und in den Tod zu gehen. Jesus erwiderte: Ich sage dir, Petrus, ehe heute der Hahn kräht, wirst du dreimal leugnen, mich zu kennen.

Die Stunde der Entscheidung | 22, 35–38

Dann sagte Jesus zu ihnen: Als ich euch ohne Geldbeutel aussandte, ohne Vorratstasche und ohne Schuhe, habt ihr da etwa Not gelitten? Sie antworteten: Nein.
Da sagte er: Jetzt aber soll der, der einen Geldbeutel hat, ihn mitnehmen, und ebenso die Tasche. Wer aber kein Geld hat, soll seinen Mantel verkaufen und sich dafür ein Schwert kaufen. Ich sage euch: An mir muss sich das Schriftwort erfüllen: Er wurde zu den Verbrechern gerechnet. Denn alles, was über mich gesagt ist, geht in Erfüllung. Da sagten sie: Herr, hier sind zwei Schwerter. Er erwiderte: Genug davon!

Das Gebet am Ölberg | 22, 39–46

Dann verließ Jesus die Stadt und ging, wie er es gewohnt war, zum Ölberg; seine Jünger folgten ihm. Als er dort war, sagte er zu ihnen: Betet darum, dass ihr nicht in Versuchung geratet! Dann entfernte er sich von ihnen ungefähr einen Steinwurf weit, kniete nieder und betete: Vater, wenn du willst, nimm diesen Kelch von mir! Aber nicht mein, sondern dein Wille soll geschehen. Da erschien ihm ein Engel vom Himmel und gab ihm (neue) Kraft. Und er betete in seiner Angst noch inständiger, und sein Schweiß war wie Blut, das auf die Erde tropfte. Nach dem Gebet stand er auf, ging zu den Jüngern zurück und fand sie schlafend; denn sie waren vor Kummer erschöpft. Da sagte er zu ihnen: Wie könnt ihr schlafen? Steht auf und betet, damit ihr nicht in Versuchung geratet.

Die Gefangennahme | 22, 47–53

Während er noch redete, kam eine Schar Männer; Judas, einer der Zwölf, ging ihnen voran. Er näherte sich Jesus, um ihn zu küssen. Jesus aber sagte zu ihm: Judas, mit einem Kuss verrätst du den Menschensohn? Als seine Begleiter merkten, was (ihm) drohte, fragten sie: Herr, sollen wir mit dem Schwert dreinschlagen? Und einer von ihnen schlug auf den Diener des Hohenpriesters ein und hieb ihm das rechte Ohr ab. Jesus aber sagte: Hört auf damit! Und er berührte das Ohr und heilte den Mann. Zu den Hohenpriestern aber, den Hauptleuten der Tempelwache und den Ältesten, die vor ihm standen, sagte Jesus: Wie gegen einen Räuber seid ihr mit Schwertern und Knüppeln ausgezogen. Tag für Tag war ich bei euch im Tempel, und ihr habt nicht gewagt, gegen mich vorzugehen. Aber das ist eure Stunde, jetzt hat die Finsternis die Macht.

Die Verleugnung durch Petrus | 22, 54–62

Darauf nahmen sie ihn fest, führten ihn ab und brachten ihn in das Haus des Hohenpriesters. Petrus folgte von weitem. Mitten im Hof hatte man ein Feuer angezündet, und Petrus setzte sich zu den Leuten, die dort beieinander saßen. Eine Magd sah ihn am Feuer sitzen, schaute ihn genau an und sagte: Der war auch mit ihm zusammen. Petrus aber leugnete es und sagte: Frau, ich kenne ihn nicht. Kurz danach sah ihn ein anderer und bemerkte: Du gehörst auch zu ihnen. Petrus aber sagte: Nein, Mensch, ich nicht! Etwa eine Stunde später behauptete wieder einer: Wahrhaftig, der war auch mit ihm zusammen; er ist doch auch ein Galiläer. Petrus aber erwiderte: Mensch, ich weiß nicht, wovon du sprichst. Im gleichen Augenblick, noch während er redete, krähte ein Hahn. Da wandte sich der Herr um und blickte Petrus an. Und Petrus erinnerte sich an das, was der Herr zu ihm gesagt hatte: Ehe heute der Hahn kräht, wirst du mich dreimal verleugnen. Und er ging hinaus und weinte bitterlich.

Die Verspottung durch die Wächter | 22, 63–65

Die Wächter trieben ihren Spott mit Jesus. Sie schlugen ihn, verhüllten ihm das Gesicht und fragten ihn: Du bist doch ein Prophet! Sag uns: Wer hat dich geschlagen? Und noch mit vielen anderen Lästerungen verhöhnten sie ihn.

Das Verhör vor dem Hohen Rat | 22, 66–71

Als es Tag wurde, versammelten sich die Ältesten des Volkes, die Hohenpriester und die Schriftgelehrten, also der Hohe Rat, und sie ließen Jesus vorführen. Sie sagten zu ihm: Wenn du der Messias bist, dann sag es uns! Er antwortete ihnen: Auch wenn ich es euch sage – ihr glaubt mir ja doch nicht; und wenn ich euch etwas frage, antwortet ihr nicht. Von nun an wird der Menschensohn zur Rechten des allmächtigen Gottes sitzen. Da sagten alle: Du bist also der Sohn Gottes. Er antwortete ihnen: Ihr sagt es – ich bin es. Da riefen sie: Was brauchen wir noch Zeugenaussagen? Wir haben es selbst aus seinem eigenen Mund gehört.

Die Auslieferung an Pilatus | 23, 1–5

Daraufhin erhob sich die ganze Versammlung, und man führte Jesus zu Pilatus. Dort brachten sie ihre Anklage gegen ihn vor; sie sagten: Wir haben festgestellt, dass dieser Mensch unser Volk verführt, es davon abhält, dem Kaiser Steuer zu zahlen, und behauptet, er sei der Messias und König. Pilatus fragte ihn: Bist du der König der Juden? Er antwortete ihm: Du sagst es. Da sagte Pilatus zu den Hohenpriestern und zum Volk: Ich finde nicht, dass dieser Mensch eines Verbrechens schuldig ist. Sie aber blieben hartnäckig und sagten: Er wiegelt das Volk auf und verbreitet seine Lehre im ganzen jüdischen Land von Galiläa bis hierher.

Die Verspottung durch Herodes | 23, 6–12

Als Pilatus das hörte, fragte er, ob der Mann ein Galiläer sei. Und als er erfuhr, dass Jesus aus dem Gebiet des Herodes komme, ließ er ihn zu Herodes bringen, der in jenen Tagen ebenfalls in Jerusalem war. Herodes freute sich sehr, als er Jesus sah; schon lange hatte er sich gewünscht, mit ihm zusammenzutreffen, denn er hatte von ihm gehört. Nun hoffte er, ein Wunder von ihm zu sehen. Er stellte ihm viele Fragen, doch Jesus gab ihm keine Antwort. Die Hohenpriester und die Schriftgelehrten, die dabeistanden, erhoben schwere Beschuldigungen gegen ihn. Herodes und seine Soldaten zeigten ihm offen ihre Verachtung. Er trieb seinen Spott mit Jesus, ließ ihm ein Prunkgewand umhängen und schickte ihn so zu Pilatus zurück. An diesem Tag wurden Herodes und Pilatus Freunde; vorher waren sie Feinde gewesen.

Die Verhandlung vor Pilatus | 23, 13–25

Pilatus rief die Hohenpriester und die anderen führenden Männer und das Volk zusammen und sagte zu ihnen: Ihr habt mir diesen Menschen hergebracht und behauptet, er wiegle das Volk auf. Ich selbst habe ihn in eurer Gegenwart verhört und habe keine der Anklagen, die ihr gegen diesen Menschen vorgebracht habt, bestätigt gefunden, auch Herodes nicht, denn er hat ihn zu uns zurückgeschickt. Ihr seht also: Er hat nichts getan, worauf die Todesstrafe steht. Daher will ich ihn nur auspeitschen lassen, und dann werde ich ihn freilassen. Da schrien sie alle miteinander: Weg mit ihm; lass den Barabbas frei! Dieser Mann war wegen eines Aufruhrs in der Stadt und wegen Mordes ins Gefängnis geworfen worden. Pilatus aber redete wieder auf sie ein, denn er wollte Jesus freilassen. Doch sie schrien: Kreuzige ihn, kreuzige ihn! Zum dritten Mal sagte er zu ihnen: Was für ein Verbrechen hat er denn begangen? Ich habe nichts feststellen können, wofür er den Tod verdient. Daher will ich ihn auspeitschen lassen, und dann werde ich ihn freilassen. Sie aber schrien und forderten immer lauter, er solle Jesus kreuzigen lassen, und mit ihrem Geschrei setzten sie sich durch: Pilatus entschied, dass ihre Forderung erfüllt werden solle. Er ließ den Mann frei, der wegen Aufruhr und Mord im Gefängnis saß und den sie gefordert hatten. Jesus aber lieferte er ihnen aus, wie sie es verlangten.

Die Kreuzigung | 23, 26–43

Als sie Jesus hinausführten, ergriffen sie einen Mann aus Zyrene namens Simon, der gerade vom Feld kam. Ihm luden sie das Kreuz auf, damit er es hinter Jesus her trage. Es folgte eine große Menschenmenge, darunter auch Frauen, die um ihn klagten und weinten. Jesus wandte sich zu ihnen um und sagte: Ihr Frauen von Jerusalem, weint nicht über mich; weint über euch und eure Kinder! Denn es kommen Tage, da wird man sagen: Wohl den Frauen, die unfruchtbar sind, die nicht geboren und nicht gestillt haben. Dann wird man zu den Bergen sagen: Fallt auf uns!, und zu den Hügeln: Deckt uns zu! Denn wenn das mit dem grünen Holz geschieht, was wird dann erst mit dem dürren werden? Zusammen mit Jesus wurden auch zwei Verbrecher zur Hinrichtung geführt. Sie kamen zur Schädelhöhe; dort kreuzigten sie ihn und die Verbrecher, den einen rechts von ihm, den andern links. Jesus aber betete: Vater, vergib ihnen, denn sie wissen nicht, was sie tun. Dann warfen sie das Los und verteilten seine Kleider unter sich. Die Leute standen dabei und schauten zu; auch die führenden Männer des Volkes verlachten ihn und sagten: Anderen hat er geholfen, nun soll er sich selbst helfen, wenn er der erwählte Messias Gottes ist. Auch die Soldaten verspotteten ihn; sie traten vor ihn hin, reichten ihm Essig und sagten: Wenn du der König der Juden bist, dann hilf dir selbst! Über ihm war eine Tafel angebracht; auf ihr stand: Das ist der König der Juden. Einer der Verbrecher, die neben ihm hingen, verhöhnte ihn: Bist du denn nicht der Messias? Dann hilf dir selbst und auch uns! Der andere aber wies ihn zurecht und sagte: Nicht einmal du fürchtest Gott? Dich hat doch das gleiche Urteil getroffen. Uns geschieht recht, wir erhalten den Lohn für unsere Taten; dieser aber hat nichts Unrechtes getan. Dann sagte er: Jesus, denk an mich, wenn du in dein Reich kommst. Jesus antwortete ihm: Amen, ich sage dir: Heute noch wirst du mit mir im Paradies sein.

Der Tod Jesu | 23, 44–49

Es war etwa um die sechste Stunde, als eine Finsternis über das ganze Land hereinbrach. Sie dauerte bis zur neunten Stunde. Die Sonne verdunkelte sich. Der Vorhang im Tempel riss mitten entzwei, und Jesus rief laut: Vater, in deine Hände lege ich meinen Geist. Nach diesen Worten hauchte er den Geist aus. Als der Hauptmann sah, was geschehen war, pries er Gott und sagte: Das war wirklich ein gerechter Mensch. Und alle, die zu diesem Schauspiel herbeigeströmt waren und sahen, was sich ereignet hatte, schlugen sich an die Brust und gingen betroffen weg. Alle seine Bekannten aber standen in einiger Entfernung (vom Kreuz), auch die Frauen, die ihm seit der Zeit in Galiläa nachgefolgt waren und die alles mit ansahen.

Das Begräbnis Jesu | 23, 50–56

Damals gehörte zu den Mitgliedern des Hohen Rates ein Mann namens Josef, der aus der jüdischen Stadt Arimathäa stammte. Er wartete auf das Reich Gottes und hatte dem, was die anderen beschlossen und taten, nicht zugestimmt, weil er gut und gerecht war. Er ging zu Pilatus und bat um den Leichnam Jesu. Und er nahm ihn vom Kreuz, hüllte ihn in ein Leinentuch und legte ihn in ein Felsengrab, in dem noch niemand bestattet worden war. Das war am Rüsttag, kurz bevor der Sabbat anbrach. Die Frauen, die mit Jesus aus Galiläa gekommen waren, gaben ihm das Geleit und sahen zu, wie der Leichnam in das Grab gelegt wurde. Dann kehrten sie heim und bereiteten wohlriechende Öle und Salben zu. Am Sabbat aber hielten sie die vom Gesetz vorgeschriebene Ruhe ein.

Die Botschaft der Engel im leeren Grab | 24, 1–12

Am ersten Tag der Woche gingen die Frauen mit den wohlriechenden Salben, die sie zubereitet hatten, in aller Frühe zum Grab. Da sahen sie, dass der Stein vom Grab weggewälzt war; sie gingen hinein, aber den Leichnam Jesu, des Herrn, fanden sie

nicht. Während sie ratlos dastanden, traten zwei Männer in leuchtenden Gewändern zu ihnen. Die Frauen erschraken und blickten zu Boden. Die Männer aber sagten zu ihnen: Was sucht ihr den Lebenden bei den Toten? Er ist nicht hier, sondern er ist auferstanden. Erinnert euch an das, was er euch gesagt hat, als er noch in Galiläa war: Der Menschensohn muss den Sündern ausgeliefert und gekreuzigt werden und am dritten Tag auferstehen. Da erinnerten sie sich an seine Worte. Und sie kehrten vom Grab in die Stadt zurück und berichteten alles den Elf und den anderen Jüngern. Es waren Maria Magdalene, Johanna und Maria, die Mutter des Jakobus, auch die übrigen Frauen, die bei ihnen waren, erzählten es den Aposteln. Doch die Apostel hielten das alles für Geschwätz und glaubten ihnen nicht. Petrus aber stand auf und lief zum Grab. Er beugte sich vor, sah aber nur die Leinenbinden (dort liegen). Dann ging er nach Hause, voll Verwunderung über das, was geschehen war.

Die Begegnung auf dem Weg nach Emmaus | 24, 13–35

Am gleichen Tag waren zwei von den Jüngern auf dem Weg in ein Dorf namens Emmaus, das sechzig Stadien von Jerusalem entfernt ist. Sie sprachen miteinander über all das, was sich ereignet hatte. Während sie redeten und ihre Gedanken austauschten, kam Jesus hinzu und ging mit ihnen. Doch sie waren wie mit Blindheit geschlagen, so dass sie ihn nicht erkannten. Er fragte sie: Was sind das für Dinge, über die ihr auf eurem Weg miteinander redet? Da blieben sie traurig stehen, und der eine von ihnen – er hieß Kleopas – antwortete ihm: Bist du so fremd in Jerusalem, dass du als einziger nicht weißt, was in diesen Tagen dort geschehen ist? Er fragte sie: Was denn? Sie antworteten ihm: Das mit Jesus aus Nazaret. Er war ein Prophet, mächtig in Wort und Tat vor Gott und dem ganzen Volk. Doch unsere Hohenpriester und Führer haben ihn zum Tod verurteilen und ans Kreuz schlagen lassen. Wir aber hatten gehofft, dass er der sei, der Israel erlösen werde. Und dazu ist heute schon der dritte Tag, seitdem das alles geschehen ist. Aber nicht nur das: Auch einige Frauen aus unserem Kreis haben uns in große Aufregung versetzt. Sie waren in der Frühe beim Grab, fanden aber seinen Leichnam nicht. Als sie zurückkamen, erzählten sie, es seien ihnen Engel erschienen und hätten gesagt, er lebe. einige von uns gingen dann zum Grab und fanden alles so, wie die Frauen gesagt hatten; ihn selbst aber sahen sie nicht. Da sagte er zu ihnen: Begreift ihr denn nicht? Wie schwer fällt es euch, alles zu glauben, was die Propheten gesagt haben. Musste nicht der Messias all das erleiden, um so in seine Herrlichkeit zu gelangen? Und er legte ihnen dar, ausgehend von Mose und allen Propheten, was in der gesamten Schrift über ihn geschrieben steht. So erreichten sie das Dorf, zu dem sie unterwegs waren. Jesus tat, als wolle er weitergehen, aber sie drängten ihn und sagten: Bleib doch bei uns; denn es wird bald Abend, der Tag hat sich schon geneigt. Da ging er mit hinein, um bei ihnen zu bleiben. Und als er mit ihnen bei Tisch war, nahm er das Brot, sprach den Lobpreis, brach das Brot und gab es ihnen. Da gingen ihnen die Augen auf, und sie erkannten ihn; dann sahen sie ihn nicht mehr. Und sie sagten zueinander: Brannte uns nicht das Herz in der Brust, als er unterwegs mit uns redete und uns den Sinn der Schrift erschloss? Noch in derselben Stunde brachen sie auf und kehrten nach Jerusalem zurück, und sie fanden die Elf und die anderen Jünger versammelt. Diese sagten: Der Herr ist wirklich auferstanden und ist dem Simon erschienen. Da erzählten auch sie, was sie unterwegs erlebt und wie sie ihn erkannt hatten, als er das Brot brach.

Die Erscheinung des Auferstandenen in Jerusalem | 24, 36–53

Während sie noch darüber redeten, trat er selbst in ihre Mitte und sagte zu ihnen: Friede sei mit euch! Sie erschraken und hatten große Angst, denn sie meinten, einen Geist zu sehen. Da sagte er zu ihnen: Was seid ihr so bestürzt? Warum lasst ihr in eurem Herzen solche Zweifel aufkommen? Seht meine Hände und meine Füße an: Ich bin es selbst. Fasst mich doch an, und begreift: Kein Geist hat Fleisch und Knochen, wie ihr es bei mir seht. Bei diesen Worten zeigte er ihnen seine Hände und Füße. Sie staunten, konnten es aber vor Freude immer noch nicht glauben. Da sagte er zu ihnen: Habt ihr etwas zu essen hier? Sie gaben ihm ein Stück gebratenen Fisch; er nahm es und aß es vor ihren Augen. Dann sprach er zu ihnen: Das sind die Worte, die ich zu euch gesagt habe, als ich noch bei euch war: Alles muss in Erfüllung gehen, was im Gesetz des Mose, bei den Propheten und in den Psalmen über mich gesagt ist. Darauf öffnete er ihnen die Augen für das Verständnis der Schrift. Er sagte zu ihnen: So steht es in der Schrift: Der Messias wird leiden und am dritten Tag von den Toten auferstehen, und in seinem Namen wird man allen Völkern, angefangen in Jerusalem, verkünden, sie sollen umkehren, damit ihre Sünden vergeben werden. Ihr seid Zeugen dafür. Und ich werde die Gabe, die mein Vater verheißen hat, zu euch herab senden. Bleibt in der Stadt, bis ihr mit der Kraft aus der Höhe erfüllt werdet. Dann führte er sie hinaus in die Nähe von Betanien. Dort erhob er seine Hände und segnete sie. Und während er sie segnete, verließ er sie und wurde zum Himmel emporgehoben; sie aber fielen vor ihm nieder. Dann kehrten sie in großer Freude nach Jerusalem zurück. Und sie waren immer im Tempel und priesen Gott. ■

Texte

Klagen

Wo bist du?

Wo bist du, Gott, in meiner Not?
Wo bist du, Gott, in meinem Leid?
Wo bist du, Gott, in meinen Schmerzen?
Wo bist du, Gott, in meinem Sterben?
Wo bist du, Gott, in meinem Tod?
Wo bist du, Gott, in meiner Klage?
Komm, guter Gott, sei mit mir.
Bleibe bei mir.
Halte mich fest.

Warum ich?

Gott, in mir ist alles leer
Warum passiert das mir?
Warum ich und warum jetzt?
Warum hier und nicht zu Hause?
Warum so allein und verlassen?
Warum so hilflos und so schwach?
Warum diese quälenden Fragen und keine Antwort.
Sei du meine Antwort, Gott.
Bleib du meine Frage.

Das Ende, mein Ende

Mein Leben geht zu Ende.
Unaufhaltsam gleitet es dem Tode zu.
Ich weiß es seit meiner Geburt, aber ich habe es verdrängt:
Bis heute.
Jetzt kann ich mich nicht mehr drücken.
Mein Leben führt zum Tod.
Doch bei dir sieht alles anders aus.
Da ist es genau umgekehrt:
Der Tod führt zum Leben.
Er hat nicht das letzte Wort.
Es geht aufwärts, statt abwärts.
Herr, lass meinen Glauben Wirklichkeit werden.
Lass mich durch den Tod dein Leben gewinnen.

Gebete

Zum Leben gemacht

Gott, du hast mich gewollt, wie ich bin.
Du hast mich beim Namen gerufen und zu mir gesagt:
Mein bist du.
Du hast mich für das Leben geschaffen und nicht für den Tod,
für das Licht und nicht für das Dunkel.

Jetzt bitte ich dich,
nimm mich in dieser kritischen Situation an der Hand.
Schenke mir Zuversicht und Geduld,
Gelassenheit und Kraft, um meine Krankheit zu bestehen.

In meiner Angst

Es ist nicht leicht für mich, Gott, denn ich weiß nicht,
was auf mich zukommt.
Ich bin plötzlich heraus gerissen aus meinem bisherigen Leben,
nichts mehr ist wie sonst.
Ich bin auf die Hilfe anderer Menschen angewiesen,
auf ihren Rat, auf ihre Sorge, auf ihren Dienst.
Vor allem aber habe ich Angst,
ob denn alles gut geht.
Deswegen bitte ich dich, lenke mit mir alles zum Guten,
damit ich dich loben kann und dir danken,
jetzt und alle Tage meines Lebens.

Hoffnungszeichen

Gott, du weißt, wie es um den Menschen steht,
du weißt auch, wie es um mich steht.
Ich vertraue darauf,
dass du mich gerade jetzt in deiner Hand hältst
und nicht fallen lässt.
Um Jesu Christi willen,

der alles auf sich genommen hat, was menschlich ist,
bitte ich dich:
Schenke mir ein Zeichen, das mir neue Hoffnung gibt,
lass Menschen um mich sein, die es gut mit mir meinen.
Wenn es dein Wille ist,
dann lass mich diese Krankheit bestehen
und schenke mir ein neues Leben.

Gottes Wille

Gott, ich habe dein Wort, um mich daran festzuhalten.
Ich vertraue deinem Willen, der das Beste für mich fügt.
Dir will ich mich übergeben,
mein Leiden und meine Vergangenheit,
mein Sorgen und meine Hoffung,
mein Leben und meine Zukunft.
Dann werde ich meinen Weg finden,
den du mir vorgezeichnet hast
und ihn gehen voll Vertrauen und Zuversicht
bis zu einem glücklichen Ende.

Stunde der Entscheidung

Gott, ich muss erkennen, dass mein Leben
nicht mir allein gehört.
Meine Zeit war mir geliehen, damit ich mit ihr leben,
etwas gestalten und sie mit anderen teilen kann.

Jetzt geht diese Zeit zu Ende. Viel zu kurz war diese Zeit.
So manches hätte ich gerne noch erlebt oder getan.
So manches hätte ich gerne noch geändert oder gelassen.
Jetzt ist die Zeit, in der ich nicht mehr viel tun kann.
Deswegen bitte ich dich,
vollende, was ich nicht mehr vollbringen kann.
Versöhne, wo ich nichts mehr heilen,
rette, was ich nicht mehr gute machen kann.
Dann fällt es mir leichter, Ja zu sagen.
Ja, Herr, dein Wille geschehe

Psalmen

Psalm in Krankheit

Wenn andere mich fragten: „Warum straft mich Gott?“
Wenn sie mich fragten: „Warum ausgerechnet ich?“
hatte ich keine Antwort, nur billige Worte: es wird schon wieder.

Wenn Freunde von mir wissen wollten,
    wozu die Krankheit gut sei
und warum die Schmerzen, da fiel mir kein Wort des Trostes ein.

Wenn einer ernstlich krank wurde, habe ich mich rar gemacht
und gedacht, dem kann keiner mehr helfen.

Aber jetzt hat es mich getroffen
und ich stelle die gleichen Fragen.
Ich warte auf Hilfe, auf die Freunde, aber keiner ist da.
Und wenn sie mich trösten, dann kommt es bei mir nicht an.

Ich zermartere mich am Tag und suche nach einem Ausweg.
Ich quäle mich in der Nacht und erfinde neue Therapien.

Ich warte auf ein Zeichen meines Arztes, aber er schweigt.
Ich suche Hilfe bei der Schwester, sie weicht mir aus.

Ich ahne, dass sie hinter meinem Rücken reden,
wenn sie gegangen sind.
Sie wissen mehr als sie mir sagen wollen.
Ich spüre, dass ich schwächer werde von Tag zu Tag.
Dass die einfachsten Dinge mir große Mühe bereiten.

Ich vermute, dass sie mein Todesurteil bereits gesprochen
haben,
auch wenn sie mir gut zureden und Mut machen wollen.

Da bleibst nur noch du, Gott, an den ich so selten dachte.
Ja, ich spöttelte: Glaube, das ist etwas für alte Frauen
oder für Schwache.

Religion brauchen die, die es im Leben zu sonst nichts bringen.
Die in die Kirche rennen, sind auch nicht besser als ich.

Alle meine Worte fallen mir jetzt durch die Finger,
sie rinnen durch meine Hände.
Wäre es nicht zu spät, ich würde ganz anders reden.

Denn jetzt brauche ich dich, Gott.
Ob du überhaupt hörst? Ob du auf mich hörst,
in meiner Angst, in meiner Not und in meinem Zweifel?

Ich werde ruhiger, wenn ich so mit dir rede,
ich werde gelassener, wenn ich vor dir mein Herz ausschütte.

Dir möchte ich mich anvertrauen.
Gerade jetzt, da ich keinem mehr vertrauen kann.

Bleib du mir nahe, gleich wie es ausgeht.
Und wenn du willst, dann rette noch einmal mein Leben.

Mach mich gesund, wenn es zu meinem Besten ist.
Mach mich heil, damit ich auch anderen zum Heil werden kann.

Psalm im Alter

Gott, ich bitte dich, sieh mich an:
Achte auf mein Leben, achte auf meine Jahre.

Die Vergangenheit ist tot, deswegen segne meine Erinnerungen.
Lass mir die Menschen im Herzen und im Kopf,
mit denen ich das Leben geteilt habe.

Menschen, mit denen ich lachen und streiten konnte,
leben und lieben, feiern und weinen.
Menschen, die mit mir die Wege gegangen sind,
die mir wichtig waren.

Menschen, die mit mir alles geteilt haben,
Liebes und Leides.

Menschen, die mich getragen und ertragen haben;
Menschen, die ich ertragen habe.
Sie alle schreibe, guter Gott, für immer in mein Herz.

Wenn mein Gedächtnis auch schwächer wird,
bei dir sollen sie aufgehoben sein.
Meine Dankbarkeit soll sie begleiten,
auch wenn ich ihnen das nicht mehr sagen kann.

Wenn meine Kräfte nachlassen
und meine Schritte mühsamer werden,
wenn meine Selbständigkeit abnimmt
und meine Eigenarten zunehmen,
wenn die Ängste wachsen und die Hoffnung schwindet,
wenn so vieles schwieriger wird,

dann, Herr, schenke mir Trost und die Gabe der Geduld.
Lass mich gelassen sein und fröhlich,
und dankbar jeden Tag beginnen und vollenden.

Vor allem aber, bleibe du mir nahe,
wenn einer nach dem anderen mich verlässt.
Und hilf mir ganz am Ende meines Lebens dankbar zu sagen:

Es ist vollbracht.
Vater, in deine Hände lege ich mein Leben. Amen.

Psalm in jeglicher Not

Warum schweigt Gott zu all den Ungerechtigkeiten dieser Welt?
Wo bleibt seine Hilfe in Krankheit, Hunger und Krieg?

Hört er nicht die Hilferufe der Unterdrückten?
Die Angstschreie der Vergewaltigten?

Warum zerschlägt er nicht die Waffen der Heckenschützen?
Warum stört er nicht die Produktion der Minenhersteller?

Warum überlässt er Menschen ihrer Rache?
Warum nimmt er ihnen nicht die Gedanken der Gewalt.

Ich frage mich:
Wie mag einer auf Gott vertrauen, der nicht hört?
Wie kann einer an Gott glauben, der nicht sieht?
Wie kann sich einer auf Gott verlassen, der nicht hilft?

Doch ich höre, wie der Herr zu mir spricht:
Leihe mir deine Stimme und die Welt wird hören, wie ich schreie.

Leihe mir deine Augen und ich erkenne durch sie die Not.
Leihe mir deine Hände und ich kann helfen.

Leihe mir deine Füße und ich kann auf Schwachen zugehen.
Leihe mir dein Herz und ich weine mit den Trostlosen.

Das eine erbitte dir, so spricht der Herr zu mir:
Eine Handvoll Menschen an deiner Seite,
die so denken und handeln wie du.

Eine Handvoll Menschen,
die zupacken können aus dem Geist des Evangeliums,
die planen mit einem liebenden Herzen.

Dann könnt ihr gemeinsam das Elend überwinden helfen
und sicher sein, ich bin an eurer Seite.

Ich schenke eurem Kopf Klarheit und euren Augen Wachheit.
Eueren Ohren verleihe ich Offenheit und eurem Mund einen guten Geschmack.

Euren Armen gebe ich Kraft und den Händen Zärtlichkeit.
Euren Beinen gebe ich einen festen Halt und euren Füßen Schwung.

Dann könnt ihr alle Zweifel überwinden
und der Versuchung zur Resignation widerstehen.

Das Unmögliche werdet ihr möglich machen,
denn ich bin bei euch alle Tage bis ans Ende der Zeiten.

Dann wird Friede sein und Gerechtigkeit überall
und ihr könnt sagen: Wir sind dabei gewesen.

Das Erbarmen des Herrn hat uns gerettet,
Er unser Gott in alle Ewigkeit. Amen.

Psalm beim Sterben

Mein Mund ist trocken, meine Kehle wie zugeschnürt.
Das Todesurteil ist gesprochen und ich konnte mich nicht wehren.

Kein Laut kommt über meine Lippen,
nichts, was einer hätte hören können, die um mein Bett standen.

Es ist aus und vorbei.

Mir kommen auf einmal Sätze in den Sinn,
die ich achtlos gehört, vielleicht achtlos gesprochen habe:

Die Zeit ist vor dir wie nichts. Das Leben ist kurz.
Der Mensch ist vergänglich wie das Gras.

Abgeschnitten werde ich vom Tuch des Lebens.
Wie ein Schatten geht der Mensch dahin.

Soll das jetzt alles gewesen sein, Gott?
Gibt es jetzt nichts mehr für mich?

Haben sich vielleicht die Ärzte geirrt,
die Befunde vertauscht, die Ergebnisse falsch gedeutet?

Bin wirklich ich gemeint und kein anderer?
Ausgerechnet ich, da doch so viele den Tod ersehnen?

Ich will leben. Hörst du meine stimmlosen Worte?
Achtest du auf meine Klage?

Oder hast du mich bereits verlassen,
aufgegeben wie alle hier in der Klinik?

Dabei könntest du mein Leben retten, wenn du wolltest.
Könntest mich vor dem Tod bewahren.

Aber ich versuche jetzt zu beten wie jener,
den du auch nicht aus dem Tod gerettet hast,
dein Sohn Jesus Christus:

Er betete:
Vater, in deine Hände lege ich voll Vertrauen mein Leben.
Ich will mich auf dich verlassen,
wenn alle mich loslassen müssen.

So will auch ich beten und mich fallen lassen in deine Hände.
So will auch ich beten, jetzt und in der Stunde meines Todes.

Psalm für einen Verstorbenen

In deine Hände, Gott, lege ich mein Leben.
Hoffentlich hatte ich die Kraft zu diesem Wort
in meiner letzten Stunde: In deine Hände, Gott.

Dann legt mich, wohin ihr wollt. Legt mich in ein Grab
und vertraut mich der Mutter Erde an,
die alles zurück nimmt, was sie gegeben hat.
Oder übergebt mich dem Feuer,
das alles reinigt für das ewige Leben.

Dahin sei in Erde oder Feuer alles,
was mich belastet und niedergedrückt hat,
dahin sei, wo ich andere unterdrückt und beladen habe.

Aber mein Lachen und mein Weinen
soll das Grab überstehen:
mein Humor und meine Traurigkeit,
meine Liebe und meine Leidenschaft,
auch meine Sehnsucht.
Es sei denn: Gott erfülle das alles in seiner Liebe.

Bestand haben sollen über die Verwesung hinaus,
überdauern sollen noch im Feuer
meine guten Worte, mein Einsatz für die Menschen,
meine Treue zu anderen wie zu mir selbst.
Es sei denn, Gott ersetze euch alles,
was wichtig war an meinem Leben.

Spürbar sollen euch künftig meine Hände sein,
wo sie gehalten und getröstet haben.
Meine Ohren, wo sie offen geblieben waren
für die Fragen und das Suchen.
Meine Füße, die auf andere zugegangen sind,
mein Rücken, an dem sich Schwache stützen konnten,
mein Herz, das in allen weiter lebt,
die mich lieb hatten.

Gesegnet sollen alle sein, die um mich trauern.
Mit einem Segen,
der den Abschied leicht macht wie sanften Regen;

mit einem Segen,
der die Trauer auflöst im Strom der Tränen;
mit einem Segen,
der die Erinnerung verwandelt in Dankbarkeit,
mit einem Segen,
der für alle zum Segen wird, die mich liebten.

Elemente zur Krankensalbung

Deutung

Der Salbungsgottesdienst legt Gott Krankheit, Schwäche, Alter und die Ängste vertrauensvoll in die Hände. Wir feiern die Zuwendung und die Nähe Gottes. Eine Zuwendung, die auch durch Ärzte, Schwestern und Pfleger, selbst noch durch die Raumpflegerinnen erfahren wird. Wir alle brauchen in der Herausforderung durch eine Krankheit die Nähe von Menschen, die Nähe Gottes, wie wir sie vielleicht noch nie nötig hatten.

Wir erfahren Gottes heilende Nähe in drei heilsamen Zeichen: durch das Wort Gottes, durch Gebet und Handauflegung, und durch die Salbung mit duftendem Öl.

Das *Wort Gottes* und *Gebet* vertrauen uns der Güte, der Barmherzigkeit und dem Willen Gottes an. Die Worte und Bitten öffnen

uns für den Weg, den Gott mit uns gehen will. Wir beten zwar voller Zuversicht um Besserung und Genesung, halten uns aber für den Plan Gottes offen, wenn er es anders fügt.
Die *Handauflegung* drückt Nähe und Zuwendung aus. Gottes Kraft soll uns erfüllen, uns stärken oder trösten, uns all das schenken, was wir gerade jetzt nötig haben. Handauflegung meint den ganzen Menschen, nicht nur den Defekt, die Krankheit, das Alter: Gott nimmt uns an, wie wir sind, so wie uns eine Mutter oder ein Vater in die Arme nehmen. Das dürfen wir in jeder Handreichung spüren, die uns geschenkt wird.
Das *Öl*, das wir verwenden, steht als Sinnbild für alle Medikamente, die eingesetzt werden, um Besserung zu erreichen, die Gesundheit wieder zu erlangen oder Krankheit, Beschwerden und Schmerzen wenigstens erträglich zu machen.

Ein Schriftwort
zeigt uns, wie schon die Christen der ersten Generation den Kranken und Leidenden durch einen eigenen Dienst Beistand geleistet haben:
„Hat einer von euch Schweres zu ertragen? Dann soll er beten. Ist jemand glücklich? Dann soll er Loblieder singen. Ist einer von euch krank? Dann soll er die Ältesten der Gemeinde rufen, damit sie für ihn beten und ihn im Namen des Herrn mit Öl salben. Ihr vertrauensvolles Gebet wird den Kranken retten. Der Herr wird ihn gesund machen und wird ihm vergeben, wenn er Schuld auf sich geladen hat" (Jak 5, 13–15).

Gebet
Freud und Leid, die wir tragen, Gesundheit oder Krankheit, sind dir nicht gleichgültig, guter Gott. Unser Leben und unser Glück liegen in deiner Hand. Wir danken dir, dass du uns vor allem in

kritischen Zeiten nahe sein willst durch Menschen, die uns helfen, stützen und aufrichten. In deine Hände legen wir dir unser Leben, unsere Krankheit, unsere Schmerzen, unsere Ängste und unser Alter. Dir vertrauen wir unsere Zukunft an. Wir bitten dich, ziehe deine Hand nicht von uns zurück, sondern bleibe uns nahe durch Jesus Christus, unseren Herrn. Amen.

Salbungswort

Lieber Bruder, liebe Schwester:
Wie du die Wärme meiner Hand spürst, sollst du die Liebe Gottes erfahren.
Die Kraft meiner Hände sei ein Zeichen für seine Zuwendung und Nähe.
Der Herr stehe dir bei in deiner Krankheit und in deinem Alter durch diese Heilige Salbung und richte dich auf, wenn du von Angst, Schmerzen und Sünden niedergedrückt bist.
Der gütige Gott schenke dir Heilung, Heil und Zuversicht. Amen.

Fürbitten

- Guter Gott, nimm dich aller Kranken (dieses Hauses) an, hilf ihnen Angst und Sorge zu überwinden und sich voll Vertrauen in deine Hände zu legen.
- Stärke alle Menschen, die den Kranken beistehen, schenke ihnen Fröhlichkeit und Gelassenheit, und jene Ausstrahlung, die uns allen gut tut.
- Lass uns in unserer Krankheit oder in unserem Alter nicht eng, verbittert, auf uns selber fixiert sein, sondern öffne uns für die Anliegen und die Nöte der Anderen.
- Segne die Arbeit der Ärzte, Krankenschwestern und Pfleger, lohne die Mühen aller, die sich in diesem Hause für den erkrankten Menschen einsetzen.

Segensworte

- Der Herr segne dein Leben und deine Sinne.
  Deine Augen: sie sollen auf ganz neue Weise sehen.
  Deine Ohren: sie sollen hören und verstehen.
  Deinen Mund: er soll die Herrlichkeit Gottes verkosten.
  Deine Nase: sie soll den Wohlgeruch des Himmels ahnen.
  Deine Haut: sie soll die zärtliche Nähe Gottes spüren.
  Deine Hände: sie sollen das Gute deines Lebens bewahren.
  Deine Füße: sie sollen Gott, dem Herrn, entgegen gehen.
  Der Herr segne dich von Kopf bis zu den Füßen. Amen.

- Es segne dich zum Abschied aus unserer Welt:
  Gott, der zu uns ist wie ein Vater und eine Mutter.
  Er hat dich geschaffen und seinem Kind gemacht.
  Es segne dich Jesus Christus,
  der alles getragen hat, was menschlich ist.
  Er hat dich befreit und erlöst.
  Es segne dich der gute Geist,
  der dich begleitet hat von Anfang an.
  Er hat dich durch die Sakramente geheiligt. Amen.

- Geh mit Gott der Auferstehung entgegen.
  Geh durch das Tor des Todes, das Leben heißt.
  Geh mit Gott der Auferstehung entgegen.
  Das Gute deines Lebens soll dich begleiten.
  Geh mit Gott der Auferstehung entgegen.
  Du wirst finden, was du schon immer gesucht hast.
  Geh mit Gott deiner Auferstehung entgegen.
  Liebe, Freude, Frieden und Glück werden dich begrüßen.

Abschied

Mache dich auf

Mache dich auf, Bruder. Mache dich auf, Schwester.
Mache dich auf im Namen unseres Gottes,
unseres Vaters, der dich erschaffen hat.
Im Namen Jesus Christi,
der dich durch sein Leben, seinen Tod und seine Auferstehung
erlöst hat.
Im Namen des Heiligen Geistes,
der dich durch die Sakramente geheiligt hat.
Mach dich auf den Weg zu deinem und zu unserem Gott.
Er wartet auf dich und gibt dir Heimat.
Uns allen ist eine Wohnung bereitet.
Mache dich auf, auch wenn du alles loslassen,
auch wenn du uns verlassen musst.
Du gehst uns nur in das Ewige Leben voraus.

In die Hände Gottes

Wir empfehlen dich …
der Güte Gottes.
Ihm vertrauen wir dich an.
Wir lassen dich los, damit er dich an der Hand nehmen kann.
In Gottes Hand lassen wir dich los,
dort bist du geborgen für immer.

Wir lassen dich in großer Traurigkeit los,
denn wir haben dich lieb.
Aber weil wir dich lieb haben, denken wir nicht an uns.
Wir bitten und sagen:
Vater, in deine Hände legen wir dieses Leben.
Was uns von dir bleibt, ist deine Liebe.
Sie überlebt den Tod und führt uns alle zum Leben.
Amen.